10歳から身につけるビジネススキル

AIと共存する時代の

数学脳

ビジネスコンサルタント
福山誠一郎

はじめに

AI時代に役立つ武器

皆さんは、AIが進化していく将来に対して、どういう印象をもっていますか？　自分の可能性を広げられる、便利な社会を実現できるという前向きな思考をもつ人がいる反面、不安を抱く人も多いかと思います。

AI時代に備える必要性は分かっているが行動できず、悶々とした気持ちを抱えている方も多いでしょう。そして、悶々とした気持ちの理由は、

理系分野が苦手だから

に集約されるのではないでしょうか。

数字やIT用語は嫌いだし論理的思考も苦手だ。ましてや、プログラミングなど絶対にやりたくない。
一度、理系アレルギーになってしまうと、拒絶反応を抑えることは難しいでしょう。こうした状態で新しいことを始めても苦しくなるだけです。

しかし、新しいことを学ぶのではなく、すでに学んだことを思い出すのならば、ハードルは一気に下がります。

皆さんがすでに学んだことを通じて身につけられる、AI時代に役立つ武器とは何か？

それが、**数学脳**です。

数学脳とは何か?

　数学脳という言葉を聞くと、「難しそうだ!」という声が聞こえてきそうです。しかし、数学脳は、皆さんが学生時代に苦しめられた数学とは関係ありません。むしろ、そうした苦しみを取り除くものです。なぜなら、

　数学脳を使うと、複雑なことをシンプルに考えられるようになるからです。

　数学脳はビジネスやIT(情報技術)との相性がよく、ビジネス環境が激動するAI時代に身につけておくと心強い味方になります。

「複雑なことを、シンプルに考える?　そんな上手い話、本当にあるのか?」と思うかもしれませんが、本当にあるのです。

　例えば、皆さんが魅力を感じるプレゼンテーションは、シンプルにまとめられていて分かりやすいと思いませんか?　優れたプレゼンテーションには以下のような特徴があります。

1　使われている言葉の意味が明確である。
2　筋道立って説明されている。
3　難しいことを図で分かりやすく説明している。
4　ビジネス全体を考えて結論を出している。
5　課題の本質をとらえている。
6　全体としてまとまっている。

　漠然とした言葉が使われている、話が飛躍している、文字が多くて読みにくい、細部にこだわりすぎていて全体をとらえていない、課題の根本的な原因を特定できていない、内容がバラバラ……。1〜6の要素が一つでも欠けると、プレゼンテーションの完成度は下がります。

はじめに　　**3**

前のページの1〜6の項目は、以下に示すように数学脳の6つの構成要素とそれぞれ対応しています。この6つの構成要素からなる数学脳は、**物事の意味を理解し、本質を考え、発展させるための頭脳の働き**であり、「数学が苦手でも、数学脳さえ身につけば大丈夫！」と言っても過言でないほど、本来は、社会人になる準備として身につけておくべき重要なスキルなのです。

数学脳の構成要素

1. 正確にとらえる力
2. 思考の軸を作る力
3. 視覚化する力
4. 全体を俯瞰する力
5. 本質を見抜く力
6. 統合する力

学生時代に数学脳が身につかない理由

　数学脳がそんなに役立つスキルなら、「どうして学生時代に学ばないのか？」と疑問に思う方もいるでしょう。

　誤解を恐れずに言えば、

それは、試験があるからです。

　日本では、入学試験の結果が人生を左右するほど大きな影響を与えます。1点差で不合格となり泣く人もいれば、1点差で合格して笑う人もいる熾烈な受験戦争では、1点の重みが大きくなります。そのため、父母や先生たちは高得点がとれるよう指導する傾向があるかと思います。

残念ながら、数学脳は短期的な得点アップにはつながりません。正確に言うと、数学脳は、数学を本当に理解するために不可欠なスキルですが、数学脳そのものが試験で問われることはほとんどありません。

　そうであれば、点数アップにつながる解法テクニックを覚え、問題を解く訓練をするほうが得策です。

　このような背景から、数学脳を学ぶことが後回しにされてきたのです。さらに言えば、学生時代に数学で高得点をとっていた人でも、数学脳が身についているとは限らないのです。

学生時代に習ったことは、忘れているほうが都合がよい

　それでは、どうしたら数学脳が身につくのでしょうか？　数学という単語が使われていますが、必ずしも数学からでなければ学べないスキルではありません。ビジネスを通じて数学脳を高めることは可能です。

この本では、ビジネス関連の題材を用いて数学脳を説明します。

　数学脳への理解を深めるために初歩的な算数の内容も扱いますが、算数に対する特別な準備は不要です。「初歩的とは言っても、小学校で習ったことなんて忘れている……」と不安になる必要はありません。

　むしろ、試験問題を解くために身につけた解法のテクニックを覚えていると、真っ白な気持ちで数学脳に向き合うことができません。学生時代に習った数学を忘れているほうが、数学脳の習得には都合がよいのです。

　数学脳は、自分の頭で考える武器であり、時代を超えた普遍的なスキルです。この本を読むことで、皆さんの中に眠る数学脳が開花し、AI時代にご活躍していただけましたら、著者として大変うれしく思います。

はじめに　　**5**

目次　AIと共存する時代の数学脳

はじめに ————————————————————— 2

序　章

数学脳が身につくと何が起こる?

0-1 「考えても答えが見つからない」根本的な理由 —————— 10

0-2 私たちは、なぜ自分の頭で考えることが苦手なのか? ———— 14

0-3 「自分の頭で考える力」を授ける数学脳 —————————— 18

0-4 科学技術の全体像を理解しよう! ——————————————— 25

0-5 数学脳をビジネスで使うと、どうなる? —————————— 27

0-6 何のために、数学脳を身につけるのか? —————————— 29

第 1 章

モヤモヤしたものをスッキリさせる力
～正確にとらえる力～

1-1 具体的なイメージをもつことが、すべての始まり ————— 34

1-2 "正確にとらえる力"とは、いったい何だろう? —————— 39

1-3 "正確にとらえる力"を算数で深めよう! ——————————— 46

1-4 自分だけ理解できない場合は、どうすればよいか? ———— 51

1-5 抽象的で分かりにくい上司のアドバイスから、何を学ぶか? —— 56

1-6 "正確にとらえる力"は、クリエイティブに活躍するための第一歩　59

第 2 章

優柔不断から抜け出し決断する力
～思考の軸を作る力～

2-1 優柔不断は生まれもった性格ではない ——————————— 64

2-2	"判断するための基準"がもてない理由は?	68
2-3	AI時代に迷わない"判断するための基準"	72
2-4	数学脳の"思考の軸を作る力"とは?	74
2-5	"事実を追究する力"を深める	79
2-6	"筋道立てて考える力"を深める	87
2-7	"判断するための基準"を作ってみよう!	97

第3章

停止している思考回路を動かす力
～視覚化する力～

3-1	思考が停止してしまう理由とは何だろう?	104
3-2	AIで情報を集めても、役立てられない人の特徴とは?	108
3-3	視覚化すると、難しいことが簡単に理解できる	111
3-4	算数で、"視覚化する力"を鍛えよう!	114
3-5	頭の中に"思考の地図"を作ろう!	121

第4章

細部にとらわれず大局観を持つ力
～全体を俯瞰する力～

4-1	仕事の価値は、どうやって見つけたらよいのか?	126
4-2	AIに置き換えられないために、自分の仕事を広い視野で考える	130
4-3	"関連付けて理解する力"を身につける	134
4-4	数学脳の"全体を俯瞰する力"を身につけよう	138
4-5	仕事の全体像を俯瞰し、成果を上げよう!	143

第 5 章

古いやり方にとらわれず前に進む力
～本質を見抜く力～

5-1	技術の進化に備えたリスキリングは必要なのか？	146
5-2	数学脳の"本質を見抜く力"とは？	149
5-3	数学脳の"本質を見抜く力"を磨こう！	155
5-4	本質を見抜き、新しいキャリアを切り開く	159

第 6 章

過去の経験を未来につなげる力
～統合する力～

6-1	激動する時代に対処する2つの力とは？	164
6-2	本質を変えずに、新しいものを取り入れる方法	172
6-3	本質を見直すことで、新しい世界が開ける	176
6-4	数学脳の"統合する力"で過去と未来をつなげる	184

終　章

数学脳を使うと、人間がやるべきことが見えてくる

7-1	数学脳を使うと、思考が豊かになる	190
7-2	AIにはできないクリエイティブな仕事があることに気づこう！	197
7-3	数学脳を自分の仕事に使ってみよう！	200

装丁・本文デザイン　萩原弦一郎（256）　　編集協力　田辺律子
DTP　ニッタプリントサービス　　　　　　校正　鴎来堂、椿山達也
イラスト　ヤマサキミノリ　　　　　　　　編集担当　小嶋康義

序　章

数学脳が身につくと
何が起こる？

0 - 1
「考えても答えが見つからない」根本的な理由

　先行きが不透明な時代、職場では誰もが、多かれ少なかれ不安や悩みを抱えています。ビジネスを良くするため、自身のキャリアを高めるため、私たちは常に考え続けています。

　しかし、職場では上司から、「もっと、しっかり考えろ！」などと言われることがあります。「何を言っているんだ、考えているよ！」と思ってしまうのが本音なのではないでしょうか。

　今の社会人が考えなければならないことはたくさんあります。

- 売り上げを上げる方法
- トレンドをつかむ方法
- コストを減らす方法
- 残業を減らす方法
- 人間関係を改善する方法
- ストレスを減らす方法
- AI時代に備える方法
　　　　　⋮

　数えあげると切りがありません。「考えることが増えているのに答えが見つからない……」、これは大変なことです。とりわけ、「AI時代に備える方法」を見つけることは、「逼迫した課題」です。
　もたついていると、AIに仕事を奪われてしまいかねません。

10

それでは、「考えても答えが見つからない」理由とは、何でしょうか？

それは、複雑に考えているからです。

複雑に考えるから、混乱し、解決の糸口を見出すことができないのです。

しかし、私たちは、意図的に、複雑に考えようとしているわけではありません。無意識に、そうなってしまうのです。

実は、私たちが複雑に考えてしまう原因は、「答えを見つけることを急いでしまう」からです。皆さんも、何か問題があると即効薬を探すために、インターネットなどで情報を検索し続けて堂々巡りに陥った経験はないでしょうか？

本人は、シンプルに即効薬を探そうと思っているのに、結果として複雑に考える状況に陥ってしまうのです。

そうした悪循環に陥ってしまう状況について、以下の例を用いて具体的に説明します。

例えば、「人間関係を改善する方法」を求めて情報を探し、「人間関係を改善するには相手の話を聞くことが大切だ」というアドバイスを見つけます。そして、いざ実行すると、相手が話してくれない、あるいは、関係ないことを延々と話し続けられて困ることがあります。

すると、「相手が話してくれない場合はどうすればよいか？」の答えを探し、「相手が話してくれない場合は、雑談から始めましょう」というアドバイスを見つけます。しかし、毎日、雑談のネタをつくることは大変です。何か、苦労せずに雑談できる方法はないかと考えます。

困った挙句に誰かに相談すると、「雑談で盛り上がるには、そもそも人間関係が構築できていなければ無理だ」と言われます。そうなると、堂々巡りになってしまいます。

序章　数学脳が身につくと何が起こる？　　**1 1**

このように、問題の即効薬を探す思考を、この本では、**せっかち思考**と呼ぶことにします。下の図に示すように、「せっかち思考」を繰り返すと、複雑な状況に陥ってしまうのです！

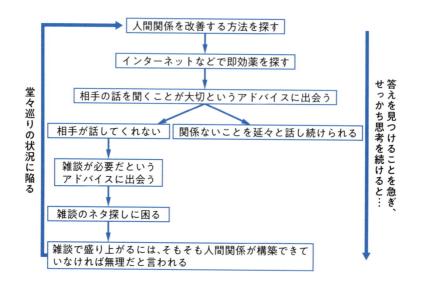

　ここで、あらかじめ断っておきたいことは、情報を検索することや改善策を試みること自体を否定しているわけではないということです。調べること、行動することがなければ問題は解決しません。**「せっかち思考」が、思考を複雑にすること**を伝えたかったのです。

　同様のことは、「売り上げを上げる方法」、「トレンドをつかむ方法」、「コストを減らす方法」、……など他の課題を解決する場合にもあてはまります。**「せっかち思考」を繰り返すことで、答えが出なくなってしまいます。**

　ここまでの話を整理すると、次のページの図のようになります。答えを見つけることを急ぐから複雑に考えてしまい、混乱に陥り、考えても答えが見つからなくなるのです。

「せっかち思考」を繰り返す

複雑な状況に陥る

考えても答えが見つからない

それでは、なぜ、「せっかち思考」が混乱をもたらすのでしょうか？

それは、**「せっかち思考」が、他人が導き出した答えに頼ろうとするもの
だから**です。

他人は、皆さんとは異なる環境で生き、社会人としての経験や能力も違
います。例えば、交友関係が広く常にアンテナを張り巡らしている人にと
っては、雑談で人の心を開くことは難しいことではないでしょう。一方、
無口であっても着実に仕事を遂行して信頼を築き、人間関係に困っていな
い人もいます。役立つ方法は人それぞれ違うのです。そういう**背景が異な
る人々の情報を闇雲に集めて貼り合わせようとしても、そもそも筋は通り
ません**。頭の中が、一層、混乱してしまうのです。

私たちは、他人の意見に頼り、自分の頭で考えていないのです。「せっか
ち思考」は、自分で考えることをせず、「他人の答えに頼る」という思考の
ショートカットなのです。

**「考えても答えが見つからない」根本的な理由は、「せっかち思
考」をすることで、自分の頭で考えなくなっているからです。**

序章　数学脳が身につくと何が起こる？　　**13**

0 - 2
私たちは、なぜ自分の頭で考えることが苦手なのか?

　私たちが「せっかち思考」に頼るようになった主な原因は、この本の冒頭でも述べたように、試験で点数をとることを優先して勉強してきたことにあると考えられます。

　数学の勉強を例に挙げると、試験対策のために公式や"解法のテクニック"を暗記することは、典型的な「せっかち思考」です。「せっかち思考」が進行すると、例題の答えをそのまま暗記するようにさえなります。

　学校を卒業し、社会人になってからもこの傾向は続きます。世の中には、仕事の成果や生産性を高める"ノウハウ"を伝えるセミナーや動画、書籍が多くあふれています。また、プライベートに関しても、即効性のある"ノウハウ"を求める傾向があります。例えば、

- 気になる人を食事に誘うための会話術
- 自己肯定感を高める方法
- 片付ける方法
    　　　⋮
などです。

　"ノウハウ"を学び身につけること自体は、悪いことではありません。特に新入社員の頃は、仕事の意味を考えることよりも、上司や先輩に教えられたことをできるようになることが先決です。

　ここで、仕事のノウハウについて少し深く説明したいと思います。

新入社員以外でも、新しい部署への異動や転職をした人は、配属先の仕事を覚えることから始めます。前任者から引き継ぐ"仕事の方法（ノウハウ）"は、その部署の業務を遂行する上で必要なことです。"仕事の方法"をマスターし滞りなく進められるようになることで、「組織から求められる仕事ができる人」だと認められます。

　つまり、社会人になっても"ノウハウ"を身につけることが求められ、"ノウハウ"を身につけることで社会人としての及第点をもらえます。そして、企業の業績が悪化するなど環境が変化しない限りは、自ら主体的に考えなくても、給料を受けとり生活し続けることはできるのです。

　すると、主体的に行動するよりも周囲に合わせていたほうが安心できるようになり、自分で考える習慣がなくなってしまいます。

仕事で数学を使うことがない人が数学脳を身につける目的

　多くの人は、長年続けている自分の仕事については理解していると思っています。確かに、自分の仕事を社内で問題なく遂行し周囲からも頼りにされていると、そのように感じることは不思議ではありません。

　ただ、次の質問に的確に答えることはできるでしょうか？

（質問1）　あなたの仕事の本質は何ですか？

　いきなりハードルの高い質問ですが、**仕事の本質を理解しておくことは、**皆さんがAIやロボットを上回る価値を提供できる人材になるために欠くことのできない条件です。そもそも、皆さんは次の質問に答えることができるでしょうか？

（質問2）　その仕事をするのが、"あなたでなければならない理由"は何ですか？

　この質問も具体的に答えることは難しいかと思います。しかし、以上の2つの質問に対して、現時点で答えられなくても大丈夫です。

　このような難しい質問を皆さんに問うた理由は、**「慣れている仕事の中にも、自分が分かっていないことがある」**という現実を自覚していただきたかったからです。「自分が分かっていないこと」に気づかなければ、成長はありません。

　この2つの質問の中には、皆さんがAI時代を生き抜くための重要な答えが隠されています。そして、**この2つの質問に対する答えを導くための強力な武器が数学脳**です。

このように説明すると、

「自分の仕事には、数学は全く必要ないし、そもそも数字すら扱わない。数学脳が、どうして関係あるの？」

と疑問に思われる方もいるかと思いますので、少し解説します。

数学脳は、物事の意味を理解し、本質を考え、発展させる頭脳の働きであり、ビジネスパーソンとしての価値を高めるために不可欠なものです。数学に特化した頭脳の使い方ではありません。数学脳と呼ぶ理由は、皆さんが学校で学んだ教科の中で、数学が「意味を理解し、本質を考え、発展させる頭脳の働き」を訓練するために最も適しているからです。

数学脳を使うと仕事の意味を理解し、本質をとらえ、進化させることができます。

この本では、ビジネス関連の題材の他に、初歩的な数学(小学校で習う算数の内容)が登場します。その目的は数学脳を身につけることですが、数学脳を使うと数学がよく分かるようになり、楽しくなることも実感していただけたらと思います。

※初歩的な数学を題材にしたページの背景には斜線を引いています。

0-3 「自分の頭で考える力」を授ける数学脳

数学には、答えが1つしかないからつまらない。

という声をしばしば耳にしますが、それは大きな誤解です。

確かに、3×5＝□ という計算問題の答えは15の1つしかありません。だからといって、「数学がつまらない」と思うのは間違っています。

なぜなら、私たちは他の誰かが作った「答えが1つの問題」を機械のように解くことに終始し、「数学を自分の頭で考える」という大切なことをしてこなかったからです。

上司の指示がなければ動けない人を「指示待ち部下」と呼ぶことがありますが、「答えが1つの問題」を機械的に解くことと「指示待ち部下」として働くことには共通点があります。

それは、**人から与えられたことをしているということです**。両者には、自分の行動に主体性がないのです。

答えが1つの問題を解く　　　　　上司の指示どおりに働く

人から与えられたことをしている点で、両者は同じ

仕事に面白みが感じられないのは、「答えが1つの問題」を解くように、創造性が発揮できていないからかもしれません。「そうは言っても、給料をもらうためにしょうがない」と仕事を続けている人も多いでしょう。

　しかし、この姿勢はよくありません。なぜなら、カタチの決まったルーティンワークは、やがてAIに置きかえられていくからです。

自分の頭で考える人は、 何が違う?

　AI時代には、「人間にしかできない創造的な仕事」しか残らない。

　このことは、皆さんも何度も耳にしてきたことでしょう。しかし、

　これまでもコスト削減や品質改善を繰り返してきたので、今の会社には新しいことをする余地など残っていない

　会社を支えている既存事業があるのに、それを壊して新しい事業に挑戦するのはリスクが大きすぎる

と感じる方もいるでしょう。創造的に働く機会などないと。実際、現在の日本の会社では、そう感じる人が大多数かもしれません。

　一方、新しいことに挑戦し、クリエイティブに活躍している人がいることも事実です。クリエイティブに活躍する人と、上司の指示どおりに働く人の違いは、果たして、どこにあるのでしょうか?

　クリエイティブに活躍する人も、上司の指示どおりに働く人と基本的には同じ職場環境にいます。違いはどこにあるかと言えば、**クリエイティブに活躍する人は、たとえ同じ環境の中にいても、自分の頭で考えることで、周囲の人とは違う景色を見ることができるということです。**

序章　数学脳が身につくと何が起こる?　　**1 9**

「自分の頭で考える力」を体験してみよう！

例えば、先ほどのかけ算の例に戻ると、

$$3 \times 5 = \square$$

という数式の中に、皆さんは何を見ることができるでしょうか？

「"さんごじゅうご"だから、答えは15」としか思い浮かばないのであれば、物事の表面を見ることしかできません。これでは思考が停止してしまいます。

ここで、自分の頭で考える人が、どのように思考しているかをかけ算を例に皆さんに体験していただきたいと思います。小学2年生に戻ったつもりで、ウォーミングアップとして読んでみてください。

かけ算とは、「（ある数）を（何回）たすことを、（ある数）×（何回）という式で表す」と決めたルールです。このルールによると、3×5は、3を5回たしたものですから、

$$3 \times 5 = 3 + 3 + 3 + 3 + 3$$

となります。

かけ算において、自分の頭で考えられるようになるには、このように、九九を暗記する前に、かけ算とは何かを明確に把握する必要があります。かけ算を小学2年生で学ぶことを考えると、大人が子供にどう教えるかが、その後の成長に大きな影響を及ぼすことは否めません。

次に、かけ算の意味がわかれば、3×5という数式が表現する世界を具体的にイメージできるようになります。

例えば、3×5は3を5回たしているので、下の図のように5人の人が、それぞれミカンを3個ずつ持ってきた場合に、ミカンの合計がいくつになるかを計算していることに相当します。

5人の人が、それぞれ、ミカンを3個ずつ持ってきた

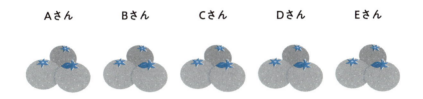

3を5回たしているので、3×5＝3＋3＋3＋3＋3＝15

　このように、3×5という数式を上の図のミカンのイメージと関連付けることができるようになれば、かけ算への理解も深まります。

　さらに、かけ算の意味が分かりイメージを描けるようになると応用力が身につきます。その例を1つ紹介しましょう。皆さんも小学2年生に戻ったつもりで次の式を計算してください。ただし、かけ算の筆算や電卓を使うことはNGです。

$$3 \times 12 = \square$$

　通常、3の段は3×9＝27までしか習っていません。

　1つ目のやり方は、3を12回たすことです。「なんだ？　そんなことか？」と思われるかもしれませんが、これは、かけ算の意味を理解していなければ思いつくことができない方法です。実際、かけ算をたし算に置きかえて計算する考え方はコンピュータの世界でも使われてきたように、まさしく、クリエイティブな発想です。

序章　数学脳が身につくと何が起こる？　　21

2つ目のやり方は、図を描くことで容易に発想できます。3×12は、3を12回たしたものですから、3を6回たしたもの(3×6)が2つあると考えることができます。つまり、次の図のように2つの3×6に分けて考えることができるのです。

　3×6 = 18(さぶろく　じゅうはち)なので、3×12は18 + 18 = 36となります。※2桁のたし算は、小学2年生で習います。

　このように、図を描くことで、すでに分かっていること(かけ算九九)をもとに3×12という新しい問題を解くことができるようになります。また、次のページに示すように、3×12は、「3×3と3×9」、「3×4と3×8」、「3×5と3×7」と分けることもできます。
　3×12 = 36という答えにたどり着く方法は様々です。**自分の頭で考える人は、1つの問題に対し自由に発想することができるのです。**

　かけ算の意味を考えイメージできると、第1章で説明する面積の意味も分かるようになります。**かけ算が面積という新しい世界へとつながる**のです。楽しみにしていてください。

　以上、かけ算について説明しましたが、いかがでしたでしょうか？
　3×5という小学校で習う数式でも、自分の頭で考えることで、数式の背後に広がる世界が見えてくることを実感していただけたかと思います。

　このように、自分の頭で考えることを支える力が数学脳です。数学脳は、数学という学問を創った人の考え方と言っても過言ではありません。後述するように、AIを含め科学技術を支えているのは数学です。数学脳が身につくと、科学を俯瞰する方法を身につけることもできるのです。

　数学を支える数学脳は、AI時代にクリエイティブに活躍するための強力な武器となります！

これまで、私たちは、試験で効率よく点数をとるために、つめ込み型の勉強をしてきました。同様に企業も効率を重視し、上司の指示どおりに働く人材を育ててきました。

　かけ算九九を覚えるだけでは、かけ算の背後に広がる世界が見えないように、上司の指示どおりに働くだけでは、ビジネスを広く、柔軟に考えることが難しくなります。AI時代に突入する今こそ、数学脳を鍛え、自分の頭で考える人になることが急務です。

0 - 4

科学技術の全体像を理解しよう！

　AIを含めた科学技術と、どう付き合っていくかは、この本のテーマの一つです。企業人として科学技術を活用していくためには、科学技術の全体像を理解しておくことが必要です。

　私たちは、科学技術を理系分野として、一括りに考えがちですが、科学と技術は違います。また、科学という分野も、形式科学と自然科学に分けられます。形式科学とは聞き慣れない言葉ですが、数学は形式科学に属しています。数学の他、論理学なども形式科学に含まれます。

　形式科学と自然科学の違いを大まかに説明すると、形式科学である数学が人間の思考によって生み出された学問であるのに対し、自然科学である物理学や化学は観察や実験を通じて自然を読み解き、理論としてまとめたものです。

> 宇宙という書物は数学の言葉で書かれている。
>
> （ガリレオ・ガリレイ）

　有名なガリレオ・ガリレイの言葉にもあるように、自然科学の理論は、数学の理論を用いて説明されています。観察や実験を通じて自然を読み解く自然科学は、数学という人間の思考によって支えられているのです。

　技術（テクノロジー）は、自然科学の理論を応用したものです。例えば、自動車のエンジンの開発には、熱力学という物理学が応用されています。つまり、技術は自然科学によって支えられているのです。

序章　数学脳が身につくと何が起こる？　　**2 5**

技術の中でも、今日、特に注目を集めているAIとは、人間の知的能力をコンピュータで実現する技術のことであり、ディープラーニングに代表されるAIの技術は、数学をもとにして開発されています。
　コンピュータには物理学や化学の理論が応用されています。つまり、AIは、数学や自然科学によって支えられているのです。

　以上の話を整理すると、次のような科学技術の全体像を描くことができます。

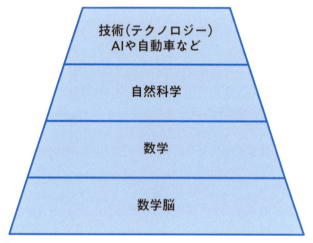

数学脳は、数学、自然科学、技術（AIなど）を支えている

　この図のように、数学は、自然科学、技術（AIなど）を支えています。そして、数学を支えているのが数学脳です。数学脳はピラミッドの土台に相当します。

　ピラミッドを支える土台であるからこそ、数学脳を身につけると科学技術全体を俯瞰して考える力が身につくのです。

0 - 5

数学脳をビジネスで使うと、どうなる?

　この本を読まれている方の多くは、数学脳をビジネスに役立てたいと考えているかと思います。皆さんは将来、どんなビジネスパーソンになりたいと思っていますか?

　業界や業種、企業文化などで違いはありますが、仕事ができる人の代表的な特徴として、

**エネルギッシュに働く、
多少強引にでも周囲を引っ張っていく**

というイメージがあります。確かに、そうしたことが必要な場面もあるでしょう。しかし、こうした働き方をずっと続けたり、度が過ぎたりすると、ほころびが出てきます。体調を崩したり、周囲との間に軋轢が生じたりすることにもつながりかねません。

　ここで、数学脳を使って働くことをイメージするために、石を割ることを考えてみましょう。

　石をやみくもに割ろうとしても上手くいきません。石を切り出し、加工する人を石工と呼びますが、石工は石目といわれる「石の切りやすい方向」を読み、セリ矢というくさびを用いて、きれいに石を割ります。

序章　数学脳が身につくと何が起こる?　**2 7**

　　　　セリ矢を使って　　　　　　きれいに石を割る

　力まかせに石を割ろうとしても上手くいきません。石を割るために筋トレをして筋肉を増強することは、努力の方向を間違えています。たとえ割れたとしても石は砕けてしまい、使い物にならなくなるでしょう。

　仕事も同じです。石工が石目を読み、セリ矢を使いこなすように、ビジネス環境を正しく読み、適切に施策を実施しなければ成果は上がりません。強引に進めると、石が砕けるようにビジネスも失敗してしまいます。

　ビジネスで数学脳を使うと、石工が石を切り出すように、そして、数学の疑問がスッキリと晴れるように、仕事を順調に進めることができます。

- 変革には痛みが伴う
- 変化するには勇気がなければならない

　これは、正しい面もありますが、過度の痛みや勇気が求められるのであれば、混乱が生じることは否めません。個人のキャリア転向を考える場合も同じです。無理に進めると苦しい状況に陥ります。

　ビジネスの世界で変化を起こすときには、会社の事業であれ、個人のキャリア転向であれ、数学脳を使い、冷静に考えることが必要なのです。

0 - 6
何のために、数学脳を身につけるのか?

この本は「数学脳の本」ですが、「数学の本」ではありません。

数学を学ぶわけではないのに、なぜ、数学脳が必要なのか?

その理由は、「自分の頭で考える」ことができるようになるためです。

学生時代に試験で点数をとるために勉強し、社会人になってからも上司の指示を待つ姿勢で仕事を続けると、他人まかせの「せっかち思考」に陥るリスクがあることは、すでに説明してきました。

数学脳は**「自分の頭で考える」ためのガイドライン**であり、数学脳を使うと、知識をつめ込み頭の中が整理できない状態になっていた人が、**シンプルに考えること**ができるようになります。シンプルに考えることができるからこそ、自分の頭で考えたことを実現できるのです。

それでは、この本で紹介する数学脳の6つの力について、概要を紹介します。

1. 正確にとらえる力

考えても答えがでない主な理由は、「課題設定が曖昧である」ことです。正確にとらえる力を使うと、考える対象を漠然と把握するのではなく具体化することができるので、スタート地点を明確に定めることができます。

例えば、人間関係の悩みの解決において、「人間関係」という漠然とした

序章　数学脳が身につくと何が起こる?　　**2 9**

課題設定をするのではなく、「上司と会話がかみ合わない」、「新たに配属された部署で質問ができない」など課題を具体的に設定することで、課題の解決がより現実的なものになります。

2. 思考の軸を作る力

　本質にたどり着くには深く考えることが必要ですが、軸をもたずに深く考えようとしても混乱が生じます。思考の軸を作る力は「焦点を当てる対象を見抜く力」で、仮説を立てる力と言い換えることもできます。

　仮説に基づいて行動しようとしてもうまく行かない理由は、「憶測をもとに仮説を立てる」からです。

　間違った憶測が積み上がると収拾がつかなくなります。本来は、事実をもとに仮説を立てなければなりません。数学は、事実をもとに考える訓練をする最適な学問です。

3. 視覚化する力

　会議の資料などが文章や数字だけで書かれていると、読んでもよく分からないと感じることがあります。場合によっては、資料を作成している人さえよく分かっていないことがあります。
「分かった！」と納得するには、視覚化することが必要です。

　例えば、ミカンの絵を用いて3×5の意味を考えると理解しやすくなるように、何事も視覚でとらえることで分かりやすくなります。26ページの**「数学脳は、数学、自然科学、技術（AIなど）を支えている」**という図も、科学技術の全体像を分かりやすくするために描いたものです。

4. 全体を俯瞰する力

　分業化が進んでいる現在の職場では、自分の仕事のことだけを考えていると、仕事の意味が分からなくなります。視野を広げなければ、働く目的

を見失う、協調性を欠くなどの問題につながります。細部にこだわりすぎてしまうというのも、視野が狭まることで生じる弊害の1つです。

　全体を俯瞰する力が、なぜ、数学と関係があるのかと疑問をもたれるかもしれませんが、小学1年生から高校3年生まで習う算数・数学は、一連のストーリーのようにつながっています。この本で扱う内容は、小学校の算数ですが、その範囲においてもストーリーのようにつながっていることを実感できます。

　数学では、新しいことを学ぶとき、過去に習ったことを振り返る必要があります。新しく習うことを過去に習ったことに結び付けて考えることで、全体を俯瞰する力が身についていきます。この本ではビジネスにおいて全体を俯瞰する方法を紹介します。

5. 本質を見抜く力

　基本的に人間は変化を嫌います。変化は安定を脅かすものだからです。しかし、技術の進化など環境が変化していくと、私たちもそれに合わせていく必要があります。積極的に変化を起こせる人は、**本質を見抜くことができる人です**。だから、進化のために本質以外のことはためらうことなく変えることができるのです。

　例えば、「かけ算はたし算を繰り返すことである」という本質があるからこそ、3×12を、3を12回たして計算しても、あるいは、「3×3と3×9」、「3×4と3×8」、「3×5と3×7」と分けて計算しても答えは変わらないのです。本質が分かっていれば、違うやり方を受け入れることができます。

　一方、本質を見失うような変化は、大きなダメージを与えかねません。**本質を見抜く力は、変化の時代を超えて生き抜くための力**なのです。

6. 統合する力

　今日のビジネス環境は、目まぐるしく変化しています。このような時代においては、進化しなければ生き残ることはできません。こうした進化の

取り組みとして、AIで効率化を図るような部分的な改善もあれば、ビジネスの在り方から見直す抜本的な変革もあるでしょう。

しかし、先輩達が苦労して築き上げてきたものを見直し、再構築することは容易ではありません。そのために必要になる力が、統合する力です。

数学は、長い歴史の中で進化を続けてきましたが、歴代の数学者たちの苦労や葛藤を抜きにしてその歴史を語ることはできません。第6章では、小学4・5年生で習う図形の面積を題材にして統合する力を説明します。

統合する力は、皆さんが時代の変化を乗り越えて、皆さん自身の価値を高めていくために不可欠なスキルです。**統合する力が身につくと、変化をチャンスととらえることができるようになるのです。**

以上が、**数学脳の6つの力**の概要です。

いかがでしょうか？　「数学脳ってすごいな！」と思いませんか？

皆さんが小学校卒業までに習った算数は、基本的に紀元前に確立されたものです。二千年以上の時を超え、世界中で学ばれ続けているのです。

まさしく、時空を超えた、普遍的な知恵です！

数学脳には、時空を超えた知恵がエッセンスとして凝縮されています。私たちが、「自分の頭で考える」ことを支える力強い味方なのです。

それでは、数学脳の説明に移りたいと思います。楽しみにしてください！

第 1 章

モヤモヤしたものを
スッキリさせる力

～正確にとらえる力～

1 - 1
具体的なイメージをもつことが、すべての始まり

　この章では、数学脳の正確にとらえる力を説明します。ものごとを正確にとらえるには、具体的に考えることが必要です。ここでは、正確にとらえる力に欠かせない"具体的に考えること"の重要性を説明します。

　突然ですが、皆さんは、「何となく気持ちがモヤモヤしている」と感じることはないでしょうか?

- 今までどおりに仕事を続けていて、将来は大丈夫なのか?
- プライベートが充実していないな……

　こうした状況に陥る原因の1つとして、モヤモヤを解決するために具体的に何をすべきかが分かっていないことが挙げられます。
　近年は、ワークライフバランスが大切だと言われていますが、皆さんは、ワークライフバランスを保てていると断言できるでしょうか?

「プライベートが充実している!」と実感している人は、プライベートで満足している具体的な経験を挙げることができます。

- 平日でも、行きたいときに友達と飲みに行くことができる
- 子供と遊ぶ時間がある
- 休日に、好きな登山をすることができる
- 自宅で映画鑑賞やゲームを楽しむことができる
  　　　:

34

一方、プライベートに満足できていないと感じている人は、自分がやりたいことを具体的に描けていない傾向があるようです。

　大人になると、「ワークライフバランスは大事だ」など、具体性を欠いたまま分かったつもりになり、抽象的に考えるだけで満足する傾向があります。しかし、分かったつもりでやり過ごすことが続くと、何となくモヤモヤした気持ちのまま日々を送ることになります。

　　　　「プライベートの時間が増えることはよいことだ。」

　これに対しては、多くの人が賛同してくれると思います。プライベートの時間を増やすことの大切さは、皆さんも頭では分かっていると思います。

　しかし、プライベートの時間を増やすことで、人生がどうよくなるのか具体的に例を挙げられないとしたら、プライベートの時間を増やすことの大切さを本当に分かっているとは言えないのです。なぜならば、「楽しい！」、「充実している！」という実態のある経験がないからです。

　仕事においても同じです。充実したキャリアを送っている人は、「仕事が面白い」、「やりがいがある」と感じる具体的なシーンをもっています。

● 商談が成約したときの達成感が好きだ
● 企画書を作るために調査をして、新しいことを学ぶのが楽しい
● 自分が関わったシステムが社会に役立つことを実感できるのがうれしい

　一方、キャリアに満足できない人は、「年収が上がればいいな」、「都心のきれいなオフィスで働きたいな」、「優しい上司の下で働きたい」など漠然とした思いにとどまっている傾向が多く見受けられます。

　漠然と分かったつもりになっている状態から抜け出すことが、プライベートや仕事で、現実的な満足を得るための第一歩です。

抽象的に考えることはよくないことなのか?

　以上、具体的に考えることの重要性を説明してきましたが、一方で抽象的に考えることはよくないことなのでしょうか?　ここで、「抽象的」の意味を明確にしておきたいと思います。

> **抽象的**
> ①共通の点がぬき出されて、一つにまとめられているようす。
> ②頭の中で考えただけで、実際からはなれているようす。
>
> (『三省堂例解小学国語辞典 第七版』　三省堂)

　抽象的という意味を②の意味でとらえると否定的なニュアンスにも受けとれますが、①の意味は、物事の本質を見抜くことと関係があります。抽象的に考える力を身につけることは、この本のゴールの1つでもあります。

　ここで、「具体的」と「抽象的」の関係について、詳しく見ていきましょう。

　例えば、「顧客満足度の向上」というフレーズは、ビジネスシーンでよく登場します。ここで皆さんの会社が、顧客満足度の向上をスローガンに掲げているとします。ただ、この抽象的なスローガンからは、具体的に何をすべきなのか見えてきません。
「商品の品質を高める」、「商品の使い方を分かりやすく説明する」、「価格を下げる」、「アフターサービスを充実させる」などの施策を具体的に明示しなければ、アクションにつなげることはできません。

　ただ、具体的な施策を闇雲に実施すれば良いかと言えば、そうではありません。例えば、価格を下げたら、これまで買わなかった人が買うようになり売り上げは上がったものの、ブランド価値に共感してくれていた優良顧客が不満を感じて離脱してしまったとします。

「価格を下げたら、売り上げは上がったけれども、優良顧客が離脱した。」このままでは、価格を下げる施策は成功なのか、判断に迷います。

そこで、「顧客満足度の向上」という抽象的な目標があることで、施策の成否を判断できるようになります。価格を下げる施策は、優良顧客の不満を招いてしまったので、売り上げは上がってはいるものの、「顧客満足度の向上」という会社の方針には沿わない施策であると判断できます。

※実際、価格を下げると、一時的に売り上げが増えることはありますが、長期的にみると良くない状況に陥る傾向があります。

一方、商品の品質を高めること、商品の使い方を分かりやすく説明すること、アフターサービスを充実させることのいずれもが、顧客が満足することに貢献したのであれば、この3つの施策は、「顧客満足度の向上」という会社の方針に沿った施策として一まとめにすることができます。

「具体的」と「抽象的」の関係を図で説明すると次のようになります。

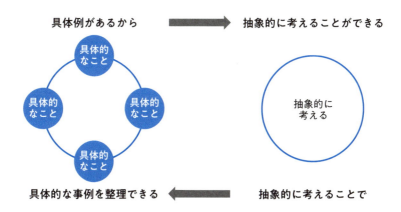

抽象的に考える力は重要なのですが(本当に重要です!)、この図のように具体的な事例がなければ抽象的に考えることはできないのです。

　ワークライフバランスの話の中で、プライベートや仕事が充実している"具体的なシーン"を挙げることができなければ、本当に充実しているとは言えないと説明しました。それは、ワークライフバランスの中身について論じるためではなく、抽象的な言葉だけで考えても、具体的な実態が伴わなければ意味がないことをお伝えしたかったからです。

「抽象的」の意味を辞書で確認したので、念のため、「具体的」の意味も確認しておきましょう。

具体的
形や内容が、はっきりしているようす。
（『三省堂例解小学国語辞典 第七版』 三省堂）

　考える対象の形や内容が、**はっきりしている**と考えやすいと思いませんか？　具体的に考えることの重要性を改めて理解できるかと思います。

　モヤモヤする原因は、**具体性を欠いた抽象的なことで頭の中がいっぱいになっている**からではないでしょうか。具体的に考える習慣をもち、モヤモヤの原因を減らしていきましょう!

1 - 2
"正確にとらえる力"とは、いったい何だろう？

1 - 1 の説明で、皆さんも具体的に考えることの重要性は、ご理解いただけたかと思います。しかし、いざ、具体的に考えようとしても思うようにはいかないことが多々あります。それは、

世の中は、抽象的な言葉であふれているからです。

ビジネスの世界も例外ではありません。皆さんも具体的なアドバイスを出さない上司に悩まされた経験はないでしょうか？　例えば、

「もっと、コミュニケーションをとりなさい。」

と言われたとして、皆さんは具体的に何をすべきか分かるでしょうか？　メールではなく会話で伝えることを増やすように言っているのか、話し方がよくないのか、それとも、頻繁に相談するように言っているのか……

こうした抽象的なアドバイスは、他にも思い浮かぶかと思います。

● もっと、効率よく働きなさい
● 経営者になったつもりで考えなさい
● 相手の立場を踏まえて行動しなさい
● コスト意識をもちなさい
　　　　⋮

私たちは、こうした上司の指示を正しく理解し、行動に移さなければ、

第1章　モヤモヤしたものをスッキリさせる力　〜正確にとらえる力〜　　**3 9**

再度、同じ指摘を受けることになりかねません。

　また、ビジネス書にも抽象的な内容が多く登場します。「部下の自主性を重んじよう」、「話を聴ける人になろう」、「仕事の意味を見直そう」……
　皆さんも、こうしたアドバイスは、何となくは理解できるかと思います。しかし、具体性を欠いているため、実際に行動に移すことは難しいと感じるのではないでしょうか？

　それでは、どうすればよいのでしょうか？

　あらかじめ断っておくと、ビジネス書に抽象的な表現が多いことを批判しているわけではありません。これらの本には、ビジネスで成功した方々が、自らの具体的な経験から成功の要因を見出し抽象的な形で「成功の法則」としてまとめたものが書かれています。

「成功の法則」は、その本の著者の具体的な経験に基づいたものなので、読者は、著者が導き出した抽象的な内容を、著者が紹介する事例を参考に、**自分が分かる"具体的なこと"**に落とし込む必要があります。
※一般的に、ビジネス書には「成功の法則」の事例が書かれています。

　上司からのアドバイスも同様です。上司の具体的な経験に基づいた抽象的なアドバイスを、**自分が分かる"具体的なこと"**に落とし込む必要があります。

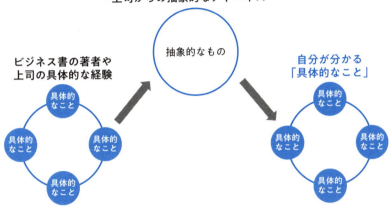

　ただし、自分が分かる"具体的なこと"に落とし込むといっても、それが正しくなければ意味がありません。

　そこで、必要となるのが数学脳の正確にとらえる力です。

　数学脳の正確にとらえる力は、大きく分けると以下の二つの要素で構成されます。

> 数学脳の"正確にとらえる力"
>
> (1) 言葉の"意味"を確認する　←以降、「確認力」と呼ぶ
> (2) "意味"をはっきりさせる　←以降、「はっきり力」と呼ぶ

確　認　力

　まず、確認力から説明します。これは文字どおり、抽象的な言葉の意味を調べて確認することです。 1 - 1 で、「抽象的」、「具体的」の意味を辞書で調べました。辞書以外にも、ビジネス用語ならばビジネス書で、社内用語ならば社内資料で確認するとよいでしょう。

　例えば、「もっと、コミュニケーションをとりなさい」という上司からのアドバイスですが、「コミュニケーション」の意味を調べると、

> コミュニケーション
> 言葉や文字などによって、たがいに気持ちや考えを伝え合うこと。
> （『三省堂例解小学国語辞典 第七版』 三省堂）

とあります。皆さんはコミュニケーションをする際に、気持ちや考えを伝えることまで意識されていますか？　この辞書によると、コミュニケーションとは、単なる情報伝達ではありません。

　現に、上司がコミュニケーションの問題を指摘する背景には、部下の気持ちや考えが分からない不安があるからだと思います。実際、そういう悩みを多くの管理職の方々から聞いてきました。また、部下の立場からみても、上司が何を考えているか分からないと感じる人は多くいます。

　　　職場で、たがいの気持ちや考えを伝えられているだろうか？

　このように、「コミュニケーション」という言葉の意味を調べることで、意識していなかった大切なことに気づくことができます。

42

はっきり力

続いて、**はっきり力**について説明します。意味をはっきりさせることを意識すべき理由は、辞書や専門書で調べただけでは理解が曖昧なままにとどまってしまうことが多いからです。

はっきり力が使えるようになるには、少し訓練が必要です。そのため、少し詳しく解説します。

はっきり力の練習として、まずは、「抽象化」という言葉の意味を調べてみましょう。

> **抽象化**
> 共通の点をぬき出して一つにまとめること。
> 　　　　　　　　（『三省堂例解小学国語辞典 第七版』　三省堂）

言葉の意味を調べることは**確認力**ですが、「抽象化」の意味をはっきりさせるには、確認した「抽象化」の意味を図や表などを用いて**具体的に考える**ことが役立ちます。

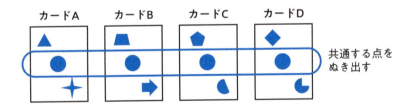

ここでは、A〜Dの4種類のカードを使って「抽象化」の意味を考えてみます。共通する●印に着目すると、4枚のカードは、●印があるカードとしてまとめることができます。つまり、この4枚のカードを抽象化すると、「●印があるカード」となるのです。

第1章　モヤモヤしたものをスッキリさせる力　〜正確にとらえる力〜

「抽象化」は抽象的な言葉ですが、このように図を用いて具体的に理解しておくと、意味がはっきりとします。意味がはっきりすると、自分で抽象化もできるようになります。例えば、次の4つのスポーツは、すべて「雪や氷の上を滑るスポーツ」と1つにまとめることができます。

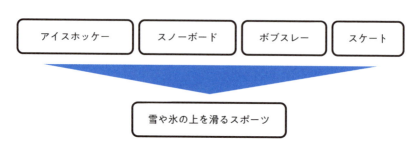

　アイスホッケーやボブスレーはチームで行う競技、スノーボードやスケートは個人競技、アイスホッケーやスケートはスケート靴で滑るが、スノーボードは板で滑るなど違いはありますが、これらのスポーツには雪や氷の上を滑ることが共通しています。その他、スキーなども同じ分類としてまとめることができます。

　同様に、「コミュニケーション」についても、言葉の「意味」を考えてみましょう。確認力の項（42ページ）で紹介した「コミュニケーション」の説明は、5W1Hを使って、「誰に」、「何を」、「どのように」と、大きく3つに分けることができます。それを図で表すと次のようになります。

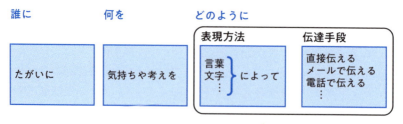

コミュニケーションの意味を図で表す

このように図で具体的に表すと、コミュニケーションの意味が、辞書で調べただけの場合に比べて、より明確に分かるようになります。

確認力、はっきり力の2段階を経ることで、抽象的なものを正確にとらえることができることをご理解いただけたかと思います。

数学脳の正確にとらえる力を使い、コミュニケーションの意味をはっきりさせると、コミュニケーションを改善するために何をすべきか具体的に考えられるようになります。「相手は上司なのか?」、「伝達手段は何がよいのか?」など、具体的に考えるべきことが明らかになるからです。

このように、具体的に考えるべきことを明らかにすることが、正確にとらえる力の重要な役割なのです。先に述べたように、正確にとらえる力を身につけるには、訓練が必要です。抽象的な概念を扱う数学は正確にとらえる力を鍛えるよい題材です。数学脳の正確にとらえる力を磨くため、次の 1 - 3 では、数学脳の本家・本元である算数を用いて解説します。

1 - 3
"正確にとらえる力"を 算数で深めよう!

　それでは、算数を用いて、数学脳の**正確にとらえる力**に対する理解を深めていきましょう。まずは、皆さんに質問です。

面積とは何ですか?

　面積という言葉からは土地や住宅の広さをイメージすることができるかと思いますが、「広さ」を計算するとは具体的にどういうことなのでしょうか?

　この疑問に答えるためにすべきことは簡単です。面積の意味を調べることです。ここで、面積について意味を調べてみましょう。

　小学4年生の教科書には、

> 広さのことを、面積といいます。
> (『新しい算数4下 考えると見方が広がる!』 p.64、東京書籍)

とあります。皆さんの想像どおり、面積の定義は「広さ」です。

　ここまでの作業が、**確認力**に相当します。
　しかし、「広さ」という定義は漠然としているので、これでは、まだ、具体的に考えることはできません。小学4年生の教科書には、

> 面積は、1辺が1cm の正方形が何こ分あるかで表すことができる。
> (『新しい算数4下 考えると見方が広がる!』 p.64、東京書籍)

と説明されています。1辺が1cmの正方形の面積が1cm^2（平方センチメートル）です。

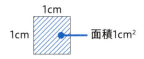

縦の長さが3cm、横の長さが4cmの長方形の面積は、下の図に示すように、**1辺が1cmの正方形が12個あるので12cm^2**となります。

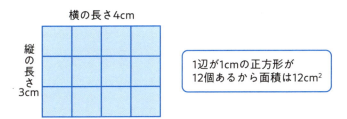

皆さんの住宅の広さなどを測るときは、「1辺が1mの正方形が何個分あるか」で面積を測ることが一般的です。例えば、面積が50㎡（平方メートル）の部屋は、1辺が1mの正方形50個分に相当する広さがあるということなのです。

日常で広さを測る場合は、測量する対象の長さに応じて"cm"や"m"などの単位を使い分けます。ただし、数学では単位をつけなくても議論が成り立ちますので、これ以降は単位は省略します。

改めて、面積とは何かについて整理すると、

面積とは広さのことであり、「広さ」は「1辺が1の正方形が何個分あるか」で表される

ということになります。

　以上の説明が、1 - 2 で説明した はっきり力 に相当します。
　漠然としていた「広さ」という概念が、"1辺が1の正方形"の個数というはっきりしたものになったからです。

　続いて、次の質問にも答えていきましょう。

　なぜ、長方形の面積を（縦の長さ）×（横の長さ）という式で求めることができるのでしょうか？

　この式には、"かけ算"が使われています。「(ある数)を(何回)たすことを、(ある数)×(何回)という式で表す」ことが、かけ算のルールであることを序章において説明しました。かけ算のルールに照らし合わせると、上の質問は「長方形の面積が、("**縦の長さ**"という数)を("**横の長さ**"回)たすことで求められる理由」を問うていることが分かります。

　例えば、次のページの図のように、縦の長さが3、横の長さが4の長方形について考えてみましょう。この長方形は、"1辺が1の正方形"が縦に3個積まれ、この3個積まれたものが横に4列あると、考えることができます。

すると、この長方形の面積は、「縦に積まれた1辺が1の正方形3個の集まり」を4回たしたものであることが分かります。それゆえ、この面積は、"3"という同じ数を4回たすことで求められることになります。

　つまり、この長方形の面積は、3×4で求められることが分かります。

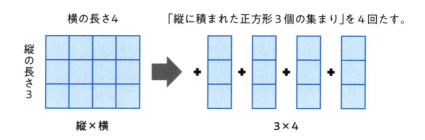

　3を4回たすことなので、面積の3×4は、4人がミカンを、それぞれ3個ずつ持ってきたときのミカンの合計を計算することと同じなのです。

　この考え方は、序章で説明したかけ算の考え方そのものです。ここまでの説明で、長方形の面積は、(縦に並ぶ1辺が1の正方形の個数)×(横に並ぶ列の数)という式で求められることが分かりました。

しかし、(縦に並ぶ1辺が1の正方形の個数)×(横に並ぶ列の数)という式は、文字が多く、**長方形の面積**の公式として覚えるには面倒です。

　長方形では、縦に並ぶ1辺が1の正方形の個数が**縦の長さ**、横に並ぶ列の数が**横の長さ**に対応しています。例えば、以下の長方形は、1辺が1の正方形が縦に3個積まれているので**縦の長さは3**、この列が横に4列並んでいるので**横の長さは4**です。

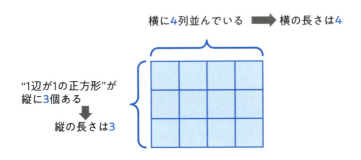

(縦の長さ)×(横の長さ)で長方形の面積が求められる。

　以上から、長方形の面積は、

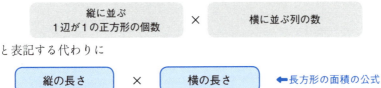

とシンプルに表記できるのです。

　これで、長方形の"面積"を(縦の長さ)×(横の長さ)という式で求めることができる理由を説明できるようになりましたね。

1 - 4
自分だけ理解できない場合は、どうすればよいか？

1 - 3 では、数学脳の**正確にとらえる力**を用いて、長方形の面積について説明しました。勘の鋭い方でしたら、**正確にとらえる力**とは、かみ砕いて分かりやすくすることだと思われたかもしれません。

それは正解です。**正確にとらえる力**は、抽象的なことを、かみ砕いて分かりやすくしているのです。しかし、抽象的なことは、いくらかみ砕いても抽象的なままです。具体的なものではありませんから、**正確にとらえる力**を使って意味をはっきりさせても、人によっては「まだ分からない」と感じることもあります。

皆さんも、友達と一緒に同じ授業を受けたときに友達は理解したのに自分は理解できなかったという経験をされたことはないでしょうか？

面積が1辺が1の正方形の個数を数えることだと説明されても、この説明の中には色や香りなど五感で感じる具体的なものがないので、しっくりこないと感じる人もいるでしょう。

例えば、次のページの図の上段は3×5を図で説明しています。つまり、3×5をかみ砕いて説明しています。この上段の説明で3×5の意味が分かる人もいれば、そうでない人もいます。

第1章　モヤモヤしたものをスッキリさせる力　～正確にとらえる力～　　　5 1

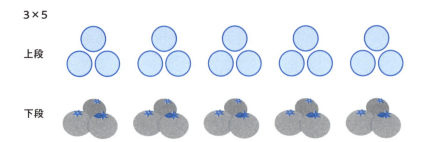

　一方、下段のほうは、◯印をミカンという具体的なものに置き換えています。身近なミカンを用いて説明することで、それまで興味がわかなかった人もかけ算を身近に感じ理解できるようになることがあります。

　これは、良し悪しの問題ではなく、自分が具体的なものがないと分からないというタイプの場合、意図的に具体的な例と結びつけて理解する必要があるということをお伝えしたいのです。

　そこで、面積についての理解を深めるために、1枚の板チョコを山田君、佐藤君、鈴木君の3人で分けることを考えてみましょう。

1枚の板チョコを友達と分けてみよう！

どうすれば、3人で公平にチョコレートを分けることができるでしょうか？
例えば、板チョコを次のように3人で分けたとしたら、この分け方は、公平だと言えるでしょうか？

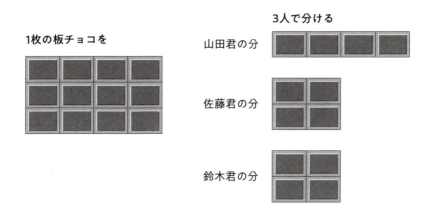

この問いに対し、皆さんは、それぞれのチョコレートが何片あるかを数えて確認するのではないでしょうか？　山田君は4片のチョコレートを、佐藤君や鈴木君も、それぞれ4片のチョコレートをもらっているなと。

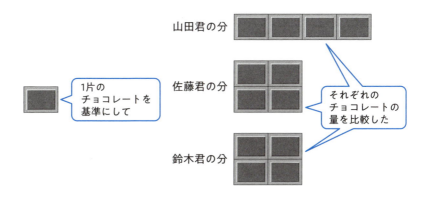

チョコレートが何片あるかで、3人のチョコレートの量を測る

第1章　モヤモヤしたものをスッキリさせる力　〜正確にとらえる力〜　53

つまり、3人のチョコレートの量を比較するため、**1片のチョコレートを基準としてそれぞれのチョコレートの片数を数えたのです**。

　山田君がもらったチョコレートと、佐藤君や鈴木君がもらったチョコレートは、形こそ違ってはいても量が同じであることがチョコレートの片数を数えることで分かるのです。

　このように説明されると、3人のチョコレートの量が同じであることが明確に分かり、配分の公正性について納得できるかと思います。

　チョコレートの片数を数える考え方は、面積を求める考え方と同じです。1辺が1の正方形を"1片のチョコレート"に置き換えてみると、1辺が1の正方形の個数で広さを表すという面積の意味がイメージしやすくなるのではないでしょうか。

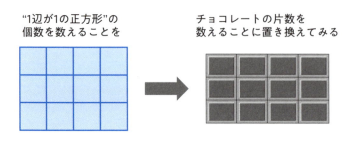

　数学脳の**正確にとらえる力**を使って意味をはっきりさせても納得できない場合は、チョコレートの例のように、**自分がイメージしやすい具体的なものをあてはめて考える**と分かりやすくなります。

　チョコレートなどの具体的な例を使わずに理解できる人も、是非、**具体例と関連付けて理解する習慣**をつけていただくとよいかと思います。

54

数学に関しては、中学、高校と進学するにつれ内容が高度になります。具体例と結びつけて理解する習慣をもっていると、高度な数学を理解する手助けになります。

　同様のことは、仕事に対してもあてはまります。抽象的なことに対して、具体例を紐づけて理解する習慣をつけると、理解するスピードが速くなります。

第1章　モヤモヤしたものをスッキリさせる力　〜正確にとらえる力〜

1-5
抽象的で分かりにくい上司のアドバイスから、何を学ぶか?

　上司から抽象的なアドバイスを受けたときに、「具体的に何をすればよいですか?」と、ざっくばらんに質問できるとよいのですが、上司が忙しく話しかけられないなど、なかなか聞けない状況もあるかと思います。

　そんなとき、数学脳の**正確にとらえる力**を用いて、自主的に改善していく姿勢も大事かと思います。

　例えば、コミュニケーションを改善しようとする場合、社内で信頼を得ている人が何をしているかを観察し、 1-2 で紹介した図を用いて、整理するとよいでしょう。

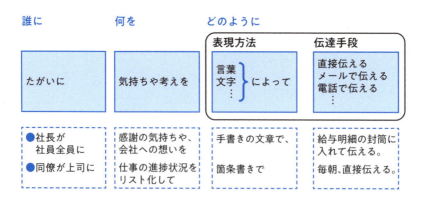

　例えば、社内で人望の厚い社長が、社員全員に感謝の気持ちや、会社への想いを手紙に書いて、社員一人ひとりの給与明細に同封して届けているとします。それを上のように図に書き込んでいきます。

他にも、上司に信頼されている同僚が、上司から依頼されたことをリスト化し、その進捗状況を箇条書きのメモにして、毎朝、上司に手短に報告しているとします。これも同じく図に書き込んでいきます。

　この同僚は、気持ちを言葉で伝えることはしていなくても、毎朝、報告に行くことで上司にやる気は伝わっているようです。行動で、やる気を伝えているわけです。

　皆さんがビジネスの現場でこの図を使う場合は、必要に応じてカスタマイズをしてお使いいただくと良いかと思います。また、はじめから、完璧を求める必要はありません。

　ここで、自分が、上司から注意されたことを振り返り、改善する事例を紹介します。例えば、上司から以下のことを指摘されたとします。

- 重要なことを伝えていない
- 話が整理されておらず伝わりにくい

　こうした課題を成功事例と比較すると、反省点がよく見えてきます。

> ## 振り返りの例
> 自分は、上司が重要だと判断していることを、重要なことであると気づいていなかった。また、仕事の進捗をまとめて伝えようとすると、話の組み立てが複雑になり、整理することが難しいと感じていた。

　上司に信頼されている同僚は、毎朝、上司と会話をしているので、上司が何を重要視しているかを把握することができます。また、進捗も、こまめに伝えており、上司が彼の進捗状況を常に把握しているので、一度の報告で伝える内容は少なくて済むようになります。

第1章　モヤモヤしたものをスッキリさせる力　〜正確にとらえる力〜

また、社長は、社内にいるときは社員に声掛けをしています。「おはよう！」、「元気か？」など簡単なものですが、社員を気にかけていることが伝わります。手紙に加えて挨拶でも気持ちを伝えているのです。

　このように分析すると、自分が何をすべきか、具体的に見えてきます。
　例えば、皆さんが、毎朝、上司と会話することを負担に感じるのであれば、

毎日、業務終了前に、上司から依頼された仕事をリスト化し、進捗状況を箇条書きにして、翌朝、上司が読めるようにメールで伝えておく

という具体的なアクションプランを考えることができます。

　以上の流れをまとめると下の図のようになります。点線で囲まれた部分を導き出すことが、数学脳の**正確にとらえる力**の役割です。
　言うまでもなく、数学脳の役割である点線で囲まれた部分は、コミュニケーションを改善するための肝となっています。

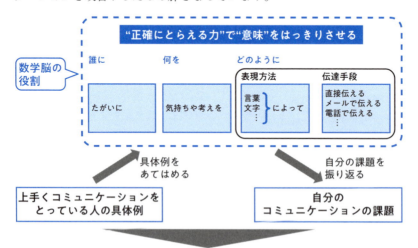

1-6
"正確にとらえる力"は、クリエイティブに活躍するための第一歩

　第1章では長方形の面積の公式を導いてきましたが、ここでそのプロセスを振り返ってみたいと思います。

　1-3 では数学脳の**正確にとらえる力**の考え方に従い"面積"の意味を調べ、「面積は1辺が1の正方形の個数を数えること」だと面積の"意味"をはっきりさせました。

　こうすることで、面積を求めるとはどういうことかが明確になりました。

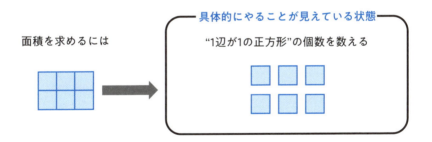

　数学脳の**正確にとらえる力**を使うのは、このように具体的にやることを見えるようにするためです。**正確にとらえる力**を使うことによって見えてきた具体的にやることを、今後、この本では**具体的な思考対象**と呼ぶことにします。

　抽象的な言葉を数学脳の**正確にとらえる力**を用いてかみ砕き、**具体的な思考対象**を明確にするまでの流れを図で説明すると、次のページのように

なります。正確にとらえる力とは、抽象的な言葉をインプットとし、具体的な思考対象をアウトプットとして導く思考力なのです。

インプットとアウトプットを明確にすることで、正確にとらえる力を早く身につけることができます。

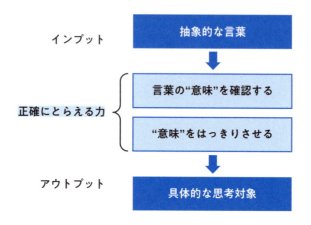

具体的な思考対象は、クリエイティブ思考の始まり

面積においては、「"1辺が1の正方形"の数を数える」という具体的な思考対象が明らかになったことで、皆さんは、"1辺が1の正方形"の数を数えることに意識を向けるようになり、そのことが、下の図のように長方形の面積の公式を導くことにつながりました。

長方形の面積の公式を導くことはクリエイティブな思考です。縦と横の長さが分かれば機械的に面積が計算できるという便利な発明だからです。こうしたクリエイティブな思考ができるのは、目で確認できる**具体的な思考対象**があるからです。

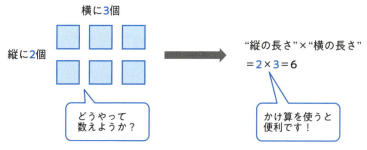

具体的な思考対象を持つことが、クリエイティブな思考につながる

以上のように、具体的な思考対象を導く"正確にとらえる力"を身につけることは、クリエイティブに活躍するための第一歩なのです。

第 2 章

優柔不断から抜け出し
決断する力

～思考の軸を作る力～

2 - 1
優柔不断は
生まれもった性格ではない

　皆さんとランチを共にする同僚や友人の中に、注文する料理をなかなか決められない人はいないでしょうか？

　メニューの同じところを何度も見ても、なかなか決められない……

　このように大人になっても注文する料理を決められないと、「優柔不断だ」と言われかねません。

　仕事においても、方針をなかなか決められない、考えすぎて行動できないなど、優柔不断についてはネガティブにとらえられる傾向があります。

　しかし、この優柔不断は生まれもった性格なのでしょうか？

　この本は心理学の本ではありませんので優柔不断について論じるわけではありませんが、優柔不断に陥る原因は主に次の2つがあると考えられます。

1. 判断に必要な情報が不足している
2. 判断するための基準をもっていない

　1つ目の原因は、第1章でも説明したように、具体性が欠けているからです。例えば、初めて入ったお店の看板メニューに「うまい！」や「絶対ハマる！」と抽象的な言葉が書かれていても、なかなか信用できません。しかし、「当店人気No.1」、「30年変わらない看板メニュー」など具体的な実績が書かれていると、「お客様が一番注文しているのか」、「30年も支持さ

れているメニューなのか」と、より信憑性が高まります。1つ目の原因は、飲食店のメニューの表記方法にも原因があると考えられます。

　続いて、2つ目の原因について説明します。もし、皆さんの頭の中にランチを選ぶ基準が定まっていれば、その基準に基づいて決断することで迷わなくなります。例えば、次の3人は、ランチに関して、それぞれの考えがあるとします。

- Ａさん：自炊していて野菜不足だから、ランチでは野菜を多く摂取する
- Ｂさん：ランチで肉類を食べると眠くなるから、昼は肉を食べない
- Ｃさん：共通の話題作りのため、なるべく同僚と同じものを選ぶ

　ここで、3人がランチに行ったお店では、「当店人気No.1」と書かれている「生姜焼き定食」の他、「煮魚定食」、「唐揚げ定食」、「野菜炒め定食」の4種類の定食があったとします。

　野菜不足を気にしているＡさんは、言うまでもなく「野菜炒め定食」を選ぶでしょう。Ｂさんは、当店人気No.1という「生姜焼き定食」のキャッチフレーズに惹かれたとしても、昼に肉は食べないと決めているので、おのずと「煮魚定食」か「野菜炒め定食」の二択に絞り込めます。同僚に合わせる方針のＣさんは、Ｂさんが「煮魚定食」ではなく「野菜炒め定食」を選べば、2人が選んだ「野菜炒め定食」を選ぶこととなります。

　このように、ランチに関する自分なりの基準をもつことで、ランチにおける優柔不断は解消されるのです。

　それでは、どのようにすれば、自分で判断するための基準をもつことができるのでしょうか？

　自分で判断するための基準をもつには、**根拠**と**目的**が必要です。

第2章　優柔不断から抜け出し決断する力　〜思考の軸を作る力〜　**65**

Aさんは、野菜不足を解消することをランチの目的としています。この目的をもつようになった根拠は、野菜不足に陥った経験です。
　Bさんは、ランチの目的を午後に働くための栄養補給とし、肉を食べた後に眠くなった経験が判断基準の根拠となっています。
　Cさんは、ランチの目的を同僚とのコミュニケーションとしています。同僚と同じメニューにすることで共通の話題で会話が盛り上がった経験が、Cさんの判断を支える根拠となっています。

3人のランチに対する基準

	根拠	目的
Aさん	自炊では野菜が不足していた経験	野菜不足の解消
Bさん	肉を食べると眠くなった経験	午後に働くための栄養補給
Cさん	共通の話題をもつことで成功した経験	同僚とのコミュニケーション

　この例のようにランチを選ぶための根拠と目的を明確にすると、ランチで何を選ぶかを判断するための基準をもつことができます。

　判断するための基準を図で表すと、次のようになります。実際の判断をするときに基準となるのは「野菜不足の解消」などの目的のほうですが、裏付けとなる根拠があるからこそ、目的が現実的なものになるのです。

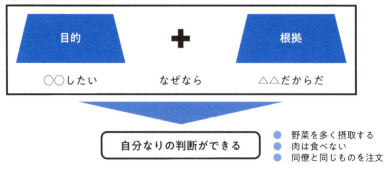

Ａさんのケースを前ページの図にあてはめると、○○には「野菜不足を解消」、△△には「自炊では野菜の摂取量が不十分」が入ります。つまり、Ａさんがランチで野菜炒め定食を選択した理由は「野菜不足を解消したい、なぜなら、自炊では野菜の摂取量が不十分だからだ」というＡさんなりの判断基準があるからなのです。

　ランチのためにそこまで考えたくないと思うかもしれませんが、自分で判断するための基準となる"目的"と"根拠"を明確にすることで優柔不断を解決できることはご理解いただけるかと思います。

　優柔不断は、生まれもった性格で改善できないものではなく、改善できるものなのです。

第2章　優柔不断から抜け出し決断する力　〜思考の軸を作る力〜　　67

2-2
"判断するための基準"が もてない理由は?

　判断するための基準をもつことは、ビジネスにおいて、専門性を深め、発展させるために不可欠です。先述したとおり、自分で判断するための基準をもつには**根拠**と**目的**を明確にする必要があります。

　しかし、現実のビジネス環境では「"根拠"と"目的"を明確にすることは難しい！」と感じている方も多いかと思います。以下で、その理由を**根拠**と**目的**に分けて、探っていきたいと思います。

"根拠"を明確にすることが難しい理由

　ここで、「根拠」という言葉の意味を確認してみましょう。

> 根拠
> よりどころ。もとになる理由。
> 　　　　　　　　（『三省堂例解小学国語辞典 第七版』 三省堂）

　辞書の説明にあるように、**根拠**とは、よりどころ、もとになる理由です。根拠のない目的は根無し草のような状態となります。十分な**根拠**に裏付けられていない**目的**は、逆境に直面すると崩れてしまいます。

　根拠になり得るものとしては、以下の三つが挙げられます。

- ルール（法律、規則、定義など）
- 経験（自分の経験、上司や先輩から教わる彼らの経験）
- ビジネス環境（ニーズ、競合、自社、技術動向など）

ビジネスで根拠を明らかにすることが難しい主な理由は、情報を整理できないことに加えて、抽象的なルール、上司や先輩から教わる彼らの経験、ビジネス環境を具体的にとらえることができないからです。

　具体化できない状況を打破するには、第1章の正確にとらえる力を活用し、抽象的な概念を具体的な思考対象にすることが必要です。例えば、コミュニケーションが得意な人がその経験を根拠にする場合、第1章で紹介したように、コミュニケーションという抽象的な概念を具体的な思考対象に分解することで、次のように現実的な目的を見出すことができます。

　営業担当者が、自分の強みであるコミュニケーション力を「複雑に絡み合った問題を論理的に整理して、クライアントにプレゼンテーションすることができる」と具体化したとします。そうすることで「自社製品の導入を通じて、クライアントの課題解決を提案できる人になる」という現実的な目的を持つことができるようになります。

　情報が整理できないという問題については、110ページで説明します。

“目的”を明確にすることが難しい理由

　続いて、「目的」についても、言葉の意味を確認しましょう。

> 目的
> なしとげようとすること。目ざしているところ。目当て。ねらい。
> 　　　　　　　（『三省堂例解小学国語辞典 第七版』 三省堂）

　目的という言葉の説明の冒頭に、「なしとげようとすること」とあるように、目的は、なしとげられる具体的なものでなければなりません。

● あなたが働く目的は何ですか？
● 御社が存在する目的は何ですか？

第2章　優柔不断から抜け出し決断する力　〜思考の軸を作る力〜　　69

こうした質問について考えるとき、皆さんは、自分が何かを成し遂げた姿や、自社が社会に貢献している姿の具体的なイメージを描くことはできるでしょうか？

ビジネスの現場では、"目的"という言葉よりも"目標"という言葉のほうが多く使われます。

- 今期の売り上げ目標は〇〇円だ！
- コスト削減の目標は△△％だ！

私たちの生活は"目標"であふれています。ちなみに、「目標」の意味は、以下の通りです。

> 目標
> ①ものごとをなしとげるための目当て。
> ②行きつくための目じるし。
> 　　　　　　　　　　　（『三省堂例解小学国語辞典 第七版』 三省堂）

ここで、私たちが意識しなければならないことをお伝えします。

私たちは、目的と目標を混同しています。

その理由を明らかにするため、"目的"と"目標"の違いについて説明します。

例えば、海外で活躍するスポーツ選手の中には、海外に移籍する前から英語を学ぶ人がいます。彼らにとっては、英語を勉強する目的は、現地で生活し、チームメイトと会話ができるようになることです。目的が明確な彼らは、実際に語学のレベルを向上させ現地で活躍しています。

しかし、英語に苦手意識をもっている人は、目標の偏差値や資格試験のスコアを取るためというような目標にとらわれ、英語を学ぶ目的が明確ではありません。

目標とは、目的をなしとげるための指標です。海外移籍という目的を持つスポーツ選手が、自分の英語の上達度を測るための指標として資格試験のスコアを参考にする場合、目標のスコアを設定することでモチベーションを高めることに役立ちますが、目的がないまま、目標に追われると精神的にも苦しくなります。

私たちは、目的が曖昧なまま、目標に追われているのです。

"目的"と"目標"を混同した状況は、ビジネスでも多く見受けられます。

- 売り上げを上げる
- 利益率を高める
  ⋮

ここで、"目的"と"目標"の関係について、野菜料理をウリにする飲食店を例に説明します。この飲食店の目的は、得意な野菜料理を通じて「近所の人々の野菜不足を解消する」ことです。多くのお客様の野菜不足を解消し、支持されるようになれば売り上げも増えていきます。目標である売り上げは、近所の人の野菜不足を補うという目的をどれだけ達成できたのかを測るための指標なのです。

しかし、数字にとらわれ、事業の目的という大事なものが曖昧になっている職場が多いのが現状です。売り上げや利益が大切なことは言うまでもありませんが、売り上げが伸び悩んでいるときこそ、**目的と目標の違いを明確に意識し、ビジネスの実態を支える目的を見つめ直す**ことが必要なのではないでしょうか。

第2章　優柔不断から抜け出し決断する力　〜思考の軸を作る力〜　　71

2 - 3
AI 時代に迷わない "判断するための基準"

「判断するための基準をもたなくても、これまで、何とかなってきたのに、どうして、今さら、わざわざ考えなければならないのだろうか?」

　このような疑問を感じる人もいるでしょう。しかし、AIの普及など時代が変化していく中で仕事をする目的をもたないと、自分の存在意義を確立することができず変化に翻弄されるリスクが高まります。

　例えば、コピーライターの仕事はAIによって置き換えられていくと言われています。コピーライターとは商品の広告のキャッチコピーなどを作る人です。生成AIの進歩はコピーライターにとっては脅威です。

　しかし、あるコピーライターは、自分の仕事を「コピーを書く仕事」ではなく「商品の新しい価値を発掘すること」だと考え、自分が手掛ける商品の新たな可能性を見出し価値をよみがえらせています。

　彼の仕事の目的は「商品の新しい価値を発掘し、クライアントのビジネスを救うこと」です。実際、彼の仕事のおかげでクライアントの雇用が維持され、クライアントの社員の生活を支えています。彼はAIに置き換えられない仕事をしているという自信をもち、技術を取り入れることにも積極的です。その理由は、次のように根拠を明確に説明できるからです。

目的　商品の新しい価値を発掘し、クライアントのビジネスを救うこと

なぜなら

根拠

クライアントのニーズ
- 長年販売している主力商品の売り上げ低迷に悩む企業が多い。
- 社内では、打開策を見出すことが難しい。

自分の強み
- コピーライターとしてアイデアを考えてきた経験がある。
- 市場分析に裏付けられたアイデアを提案できる。
- 実績がある。

競合の状況
- アイデアを考えるクリエイティブな仕事と、市場分析の専門的な仕事を両立できる競合は少ない。

　彼は、この目的を実現させるための**判断するための基準**に基づき、下請けとしてコピーを作るのではなく、自分の価値を理解してくれるクライアントと共に、商品開発の段階から関われる仕事を選んでいます。その結果、価格競争に陥ることなく、自身の価値を高めていけるのです。また、自己啓発で何を学ぶかを取捨選択し、ブレることなくキャリアを磨き続けています。

判断するための基準　　正しい選択

判断するための基準をもっていると、正しい選択ができる。

　ビジネスで必要な**判断するための基準**では、ランチの例のように、**目的**を一つの**根拠**が支えるという単純なものではなく、クライアントのニーズ、自分の強み、競合の状況などの多方面から考える必要があります。ビジネスで多方面から**根拠**を考える方法については第3章で詳しく説明します。

　それでは、これからの時代に不可欠な自分なりの**判断するための基準**を作るために必要なスキルを学んでいきましょう。

　そのスキルは、数学脳の**思考の軸を作る力**です。

2-4 数学脳の"思考の軸を作る力"とは？

　数学脳の**思考の軸を作る力**は、次のように、事実を追究する力と筋道立てて考える力によって構成されています。

数学脳の"思考の軸を作る力"

(1) 事実を追究する力　←以降、「事実力」と呼ぶ
(2) 筋道立てて考える力　←以降、「筋道力」と呼ぶ

　思考の軸を作る力は、下の図のように"判断するための基準"の"根拠"と"目的"をつなぐ事実力と筋道力という2つの柱であると考えられます。

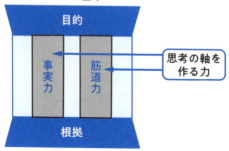

　続いて、事実力と筋道力のそれぞれについて解説します。

事　実　力

　事実力とは、事実を憶測や意見、予測と区別するためのスキルです。事実は**思考の軸を作る力**の出発点となります。この出発点が間違っていると、思考の軸の根底が揺らいでしまいます。ここで、事実に裏付けされている根拠と、そうでない根拠の違いを比較してみましょう。

　例えば、新卒で社会人になった新人が、ランチの"目的"を同僚とのコミュニケーションと設定し、 **2 - 1** で紹介したCさんと同じく、同僚とのランチで「同僚と同じものを食べる」という選択をしたとします。この新人とCさんの違いを整理すると次のようになります。

	目的	根拠
Cさん	同僚とのコミュニケーション	共通の話題をもつことで成功した経験
新人	同僚とのコミュニケーション	共通の話題をもつとよいという憶測

　Cさんは、これまで、同僚とのランチで同じものを食べることで、コミュニケーションに成功した経験をもっています。一方、新人には、そうした経験がありません。つまり、新人は「ランチでは、同僚と共通の話題をもつことがよいだろう」という**"憶測"を根拠にしています**。そのため、この選択が上手くいくとは限らないのです。

　Cさんの成功体験は**実際にあった事実**であることに対して、新人の場合は**事実ではありません**。実際、ランチで同僚と同じものを食べても会話が盛り上がらない人もいるように、事実でないことを"根拠"とすると判断するための基準は根底から崩れてしまうのです。

　信頼性の高い専門家のレポートにも、事実以外に予測や意見が含まれています。経済は回復するという人もいれば、逆に悪化するという人もいます。専門家の意見を鵜呑みにし、経済が回復するから投資すると考えるのはリスクがあります。専門家の予測や意見を裏付ける事実を、自分で確認

第2章　優柔不断から抜け出し決断する力　～思考の軸を作る力～　**7 5**

することが必要です。

　私たちは、無意識のうちに、憶測や意見、予測などを事実と混同してしまう傾向があります。事実でないことを"根拠"とするとリスクを伴います。事実力を高めるには、普段から、事実を憶測や意見、予測と区別する習慣をもつことが大切です。

筋　道　力

　続いて、筋道力について説明します。筋道力とは、誰もが「確かに！」と納得できる説明をする力です。「筋が通った考え方ができる力」だと言ってもよいでしょう。ここで、筋が通った考え方の例を紹介します。

　例えば、皆さんは次のどちらの報告が筋が通っていると思いますか？

① 　横浜店は、メディアで取り上げられたから売り上げが伸びた
② 　横浜店は、既存商品の売り上げは横ばいだが、横浜店限定の新商品がヒットしたことで売り上げが伸びた

　①の報告も正しいように感じられますが、皆さんは、②の報告の信憑性のほうが高いと感じるのではないでしょうか？

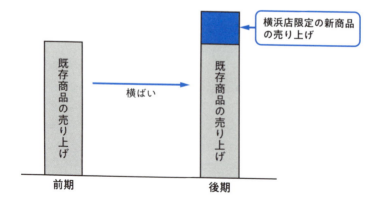

②のように、既存商品の売り上げが横ばいであれば、横浜店限定の新商品のヒットが横浜店の売り上げがアップした理由であることは一目瞭然です。一方、メディアに取り上げられたことが売り上げアップの要因であると判断するには、メディアに紹介されてからの売り上げの増加分が、横浜店の売り上げ増加分と一致していることを示す必要があります。

確かに、メディアに取り上げられることで売り上げがアップした面もあるでしょう。その場合も、筋道立てて説明すれば相手に納得してもらうことができます。例えば、「横浜店限定の新商品が注目を集め、メディアにも取り上げられた。メディアの効果は大きく放送から1週間の新商品の1日あたりの売り上げは、平均で○%アップした」と説明できます。

ただ、この例のように横浜店限定の新商品が注目を集めてメディアに取り上げられたのであれば、メディアに取り上げられたことが売り上げアップの要因というよりは、むしろ、新商品をヒットさせた努力の結果が、メディアの取材につながったと考えられます。メディアに取り上げられたことは放送日以降の売り上げアップにつながってはいますが、①のように報告すると、原因と結果を逆に伝えてしまうリスクがあります。次のように報告すると、事業の結果をより正確にレポートできます。

③　横浜店は、既存商品の売り上げは横ばいだが、横浜店限定の新商品がヒットしたことで売り上げが伸びた。新商品の販売に尽力し注目を集めたことでメディアに取り上げられ、放送日から1週間、新商品の1日あたりの売り上げは、平均で○%アップした

しかし、ビジネスの現場では、①のような考え方をする人が意外と多いのが現状です。こうした状態でビジネス戦略を考えても、成果につながらないことは言うまでもありません。

筋道力は、ビジネスコミュニケーションにおいても重要な役割を果たしています。この本を通じて、磨きをかけていただきたいと思います。

第2章　優柔不断から抜け出し決断する力　〜思考の軸を作る力〜

"思考の軸を作る力"は、応用範囲が広い

　この本では、皆さんが、変化の激しいこれからの社会を生き抜くために必要な"判断するための基準"をもてるようになることを目的として思考の軸を作る力を紹介しています。しかし、思考の軸を作る力は、より応用範囲が広いスキルです。

　皆さんがリーダーや管理職、経営者になれば、ビジネス戦略を策定する、あるいは、社内の問題を解決する機会も増えてくるかと思います。

　そうしたとき、思考の軸を作る力は力強い味方になります。ビジネス戦略策定や問題解決は、下の図のように、事実力と筋道力からなる思考の軸を作る力で支えられることで信頼性が高まるのです。

　思考の軸を作る力を高め、リーダーとしてのキャリアも切り開いていって下さい。

2 - 5

"事実を追究する力"を
深める

　ビジネスの現場で正しさを裏付けるものは"Fact（事実）"ですが、数学において厳密にいうと"事実"ではありません。数学の正しさを裏付けるものは"Truth（真理）"です。ここで、「事実」と「真理」の違いを明確にしておきたいと思います。

事実
□ 図実際にあったことがら。
□ 副実際に。ほんとうに。

（『三省堂例解小学国語辞典 第七版』 三省堂）

真理
①どのような場合でも、正しいと認められることがら。
②もっともだと思われること。

（『三省堂例解小学国語辞典 第七版』 三省堂）

　ビジネスは、現実の世界で行われる活動であるため、"実際にあったことがら"が存在します。それゆえ、事実を追究することができます。
　一方、数学は、抽象的な学問であるため、実際に存在する事実よりも、誰もが正しいと認める真理を追究する形になります。
　事実と真理は違うのに、

　　　どうして数学から、ビジネスに必要な事実力を学ぶのか？

そう疑問に思われるかもしれません。

数学でビジネスに必要な事実力を学ぶ理由は、納得がいくまで考える力を養うためです。数学の授業で新しいことを学んだとき、「抽象的な内容すぎて先生の説明が正しいのか判断できない」と感じた経験はないでしょうか？　こうした時に必要なことは、具体的な事例を当てはめ、納得できるまで考えることです。このように考えることが、抽象的な概念に具体的な事例を当てはめて考える力を高め、事実力を鍛えます。

　それでは、「2本の直線が平行であるとはどういうことか？」というテーマを題材に、事実力を高めていきましょう。

2本の直線が平行であるとは？

　皆さんは、2本の直線が平行であると言われたとき、どのような状態をイメージしますか？

　下の図のように、**2本の直線が永遠に交わらない状態**をイメージする方が多いかと思います。

　しかし、永遠に交わらない状態といっても漠然としています。「現実的に、そのような直線があるのか？」と疑問視する方もいるでしょう。
　そこで、第1章の正確にとらえる力の確認力で説明したように、算数の教科書で「平行」とはどういうことなのか調べることから始めましょう。

> 1本の直線に垂直な2本の直線は、平行であるといいます。
> （『新しい算数 4下 考えると見方が広がる！』 p.22、東京書籍）

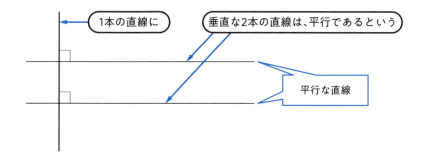

　意外に思われるかもしれませんが、この平行の定義には、「2本の直線が永遠に交わらない状態」とは書かれていません。平行の定義は、どうやら、私たちの常識とは違うようです。しかも、抽象的です。

　そこで、具体的に考えるため、"平行"な直線が含まれる定規を用いて、この定義の意味をはっきりさせましょう（**はっきり力**を使います）。定規の上下の辺(直線)は、平行であると考えられています。

　ここで、質問です。

　定規は、どんな形をしていますか？

　定規の形は長方形です。長方形の四隅の角は、すべて直角です。長方形では次のページの図のように、"縦"の直線(辺)に対して上下の2本の"横"の直線(辺)が、垂直に交わっていることが分かります。

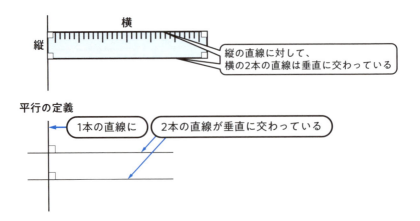

長方形の形をした定規の"縦"と"横"の辺が交わる関係は、まさに、"平行の定義"で書かれていることと同じ状態になっています。

　平行の定義は、私たちの一般的な認識とは異なっているように感じられましたが、**定規という具体的なもの**を使い、平行の定義が、定規の"縦"と"横"の線の関係と同じであることが分かると、「平行の定義が伝えていること」が明確に分かるようになるのではないでしょうか。

平行の定義は、本当に正しいのか？

　正確にとらえる力の**確認力**と**はっきり力**を用いて平行の定義が理解できたところで、皆さんに質問です。

　平行の定義を満たす2本の直線は、永遠に交わらないのでしょうか？

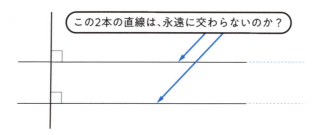

自分で納得できないことに気づき、その疑問を晴らすために考える力が事実力です。

　先述したように、平行の定義には、「2本の直線が永遠に交わらない」とは書かれていません。「平行の定義を満たす2本の直線は、私たちの一般的な認識と合っているのか？」と自ら疑問をもつことが、事実力の第一歩なのです。

　そこで、次の図のように、同じ大きさの定規を、上下の辺がつながるように並べていきます。左右の方向に定規を並べていくと、「上下の辺がつながってできる直線」は、加えた定規の分だけ伸びていきます。

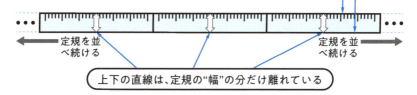

　左右に並べる定規を増やし続けても、定規の上下の直線は、定規の"幅"の分だけ離れています。この「定規の"幅"の分だけ離れている状況」は、並べる定規の数を永遠に増やしても変わりません。

　このことから、定規を並べ続けたときにできる、上下の2本の直線は、

永遠に交わらないことが分かるかと思います。

上下の2本の直線は、永遠に交わらない

以上、平行とは何かを考えながら、事実力について解説してきました。事実力とは、皆さんが疑問に思ったことを確かめる力なのです。

疑問をそのままにしないことが、事実力

当たり前と言われていることを鵜呑みにしない

疑問を持ち追究する力である事実力はビジネスにおいても重要です。私たちは、ルールや慣習、論理的に正しそうに思えることを、自分で確かめることなく鵜呑みにしてしまう傾向があるからです。

例えば、売り上げは、

$$(売り上げ) ＝ (単価) × (販売個数)$$

という式で表すことができます。ビジネス現場では、販売個数が減少し、売り上げが下がった場合、次のように考えることがあります。

"単価"を上げることで売り上げを回復させる。

果たして、このように考えることは妥当でしょうか？

皆さんが、リンゴを売っている場合、リンゴの売り上げは、リンゴ1個の値段（単価）に販売個数をかけることで求めることができます。リンゴの販売個数が減って売り上げが減少した場合、売り上げを回復させるために

次のように考えるとします。

リンゴの値段を上げて、売り上げを回復させる。

　確かに、150円のリンゴを200個売った場合と、200円のリンゴを150個売った場合の売り上げは同じです。

　しかし、現実には、値段を200円に上げたときに、150個売れる保証はありません。販売個数がさらに減ってしまうのが現実です。

「売り上げ＝単価×販売個数」という数式を使い、"売り上げ"を"単価"と"販売個数"に分解することが論理的な思考であると考える傾向があります。しかし、値段を上げても売れることを示す具体的な根拠がなければ、リンゴの値段を上げて売り上げを回復するという計画は、絵に描いた餅となってしまいます。

「（売り上げ）＝（単価）×（販売個数）」という数式を使って考えるだけでは、本当の意味での論理的思考にはならないのです。

　ここで断っておくと、数式を使って分析することを否定しているわけではありません。言いたいことは、その分析に、実態が伴っていなければならないということです。販売個数が減ったときには、販売個数が減った原因を考えなければなりません。

　リンゴの例で言えば、「前年は"蜜が沢山入ったリンゴ"であることを訴求していたが、今年は、訴求をしていなかった」などの具体的な原因を見出すことが必要です。具体的な原因が分かれば、「今年も"蜜が沢山入ったリンゴ"であることを訴求し、販売個数を回復させる」という具体的な解決策を打ち出すことができます。

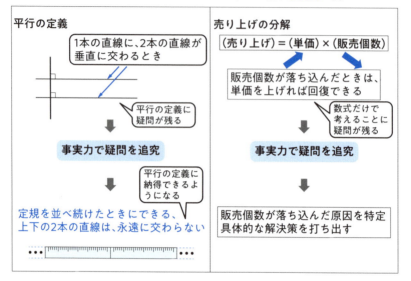

　事実力は、スキルというよりは、"疑問をもち、それを追究する習慣"です。習慣であるがゆえに、早起きや運動などの生活習慣と同様に、習慣化されるまでの間は、意識的に続けなければ身につきません。

2-6

"筋道立てて考える力"を深める

続いて、数学の題材を用いて筋道力について理解を深めていきたいと思います。ここでの議論の流れの概要を説明すると、第1章で学んだ長方形の面積の公式をもとに、平行四辺形の面積の公式を導きながら、筋道力を説明していきます。

平行四辺形の面積を求めるための準備

平行四辺形の面積を考える前に、第1章で紹介した確認力とはっきり力を用いて「平行四辺形」とは何かを明確にしておきましょう。

> 向かい合った2組の辺が平行な四角形を、平行四辺形といいます。
> (『新しい算数4下 考えると見方が広がる！』 p.30、東京書籍)

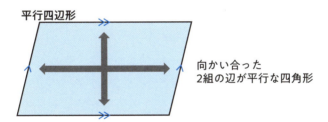

上の図の四角形は、上下の辺の組、左右の辺の組という「向かい合った2組の辺」が平行なので、この四角形は平行四辺形です。

上下の辺には"≫"という記号が、左右の辺の上には"＞"という記号がついていますが、同じ記号がついている辺どうしが平行であることを表しています。平行四辺形といえば、上の図のような形をしている四角形を一般

的に思い浮かべますが、正方形、長方形、ひし形も、向かい合った2組の辺が平行なので、これらの四角形も平行四辺形に分類されます。

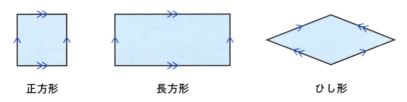

正方形、長方形、ひし形も平行四辺形に分類される。

正方形　　　長方形　　　ひし形

　続いて、面積の公式を導くうえで大切な平行四辺形の特徴を紹介します。それは、

平行四辺形では、向かい合った辺の長さは等しい。

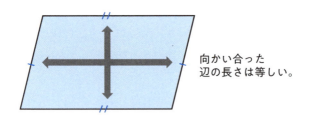

向かい合った辺の長さは等しい。

ということです。これは、合同な(全く同じ形の)2つの平行四辺形を下の図のように並べることで確かめることができます。

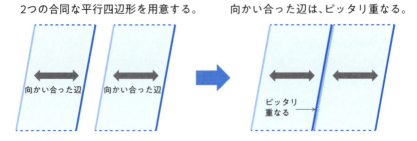

2つの合同な平行四辺形を用意する。　　向かい合った辺は、ピッタリ重なる。

向かい合った辺　　向かい合った辺　　　ピッタリ重なる

向かい合った辺の長さが同じことは、どんな形の平行四辺形にもあてはまります。以下のように、正方形や長方形、ひし形にもあてはまります。

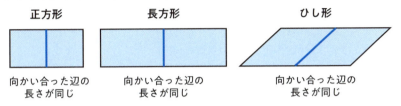

平行四辺形の面積の公式

　平行四辺形への理解が深められたところで、本題である筋道力を用いて、平行四辺形の面積の公式を導いていきましょう。

　平行四辺形では、水平に伸びる底の辺のことを"**底辺**"、底辺と垂直に交わる線の長さを"**高さ**"と呼びます。高さは、上下の向かい合う辺の"幅"に相当します。

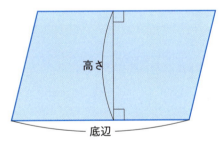

結論から先に言いますと、平行四辺形の面積の公式は、

> **平行四辺形の面積の公式**
>
> （平行四辺形の面積）＝（底辺）×（高さ）

となります。ここで、長方形の面積の公式を振り返り、面積の公式を求め

る"目的"を考えてみましょう。それは、(縦の長さ)×(横の長さ)という公式に、長方形の辺の長さを機械的にあてはめて、面積を簡単に計算できるようにすることでした。

面積とは、"1辺が1の正方形"の個数で"広さ"を表したものです。"1辺が1の正方形"の個数を数えるために"かけ算"を使うことで、長方形の面積の公式を導くことができました。このプロセスを図で表すと次のようになります。

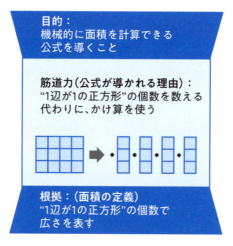

長方形の面積の公式を支えている"根拠"は面積の定義です。面積の定義が"根拠"となり、かけ算を使うと"1辺が1の正方形"の個数を数えることができると筋道立てて考えたことが、長方形の面積の公式の正しさを裏付けています。**"根拠"をもとに筋道立てて考え、"目的"に到達する力**が筋道力です。

平行四辺形の面積の公式を導く場合も"根拠"は長方形のときと同じ「面積の定義」です。"目的"も「機械的に面積を計算できる公式を導くこと」で、長方形のときと同じです。

それでは、平行四辺形の面積の公式を導くために、筋道立てて考え、"根拠"と"目的"をつないでいきましょう。

平行四辺形の面積の公式を導こう

面積とは、"1辺が1の正方形"の個数で広さを表したものですが、平行四辺形の場合は、第1章で説明したように「図形の上に正方形を並べて数を数える」ことができない場合があります。それは、次の図のように、四隅の角が直角でない場合です。

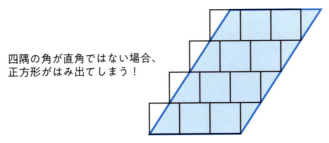

困ってしまいますね。しかし、以下に説明するように平行四辺形は、広さを変えずに長方形に置き換えることができるのです。

例えば、下の図のように、もとの平行四辺形の①右下の頂点から垂線を引き、②垂線に沿って三角形を切りとります。③切りとった三角形を左にスライドさせると、右の図のように④長方形になります。

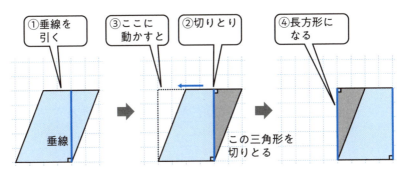

平行四辺形の一部を切りとり、別の位置に移動しただけですから、もとの平行四辺形と長方形の広さは同じです。前のページの図では、"広さ"を変えずに**平行四辺形が長方形に置き換えられる様子**が筋道立てて示されています。

　もとの平行四辺形の底辺は、前のページの図の④の長方形の横の長さと同じです。そして、もとの平行四辺形の高さは、④の長方形の縦の長さと同じです。その様子を図で表すと、次のようになります。

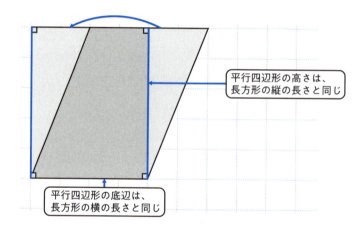

　改めて確認しますが、上の図の長方形と平行四辺形の面積は同じです。長方形の面積は、（縦の長さ）×（横の長さ）で求めることができます。また、長方形の面積は、（横の長さ）×（縦の長さ）と、かける順番を変えても同様に求めることができます。

　　　　　平行四辺形の底辺＝長方形の横の長さ
　　　　　平行四辺形の高さ＝長方形の縦の長さ

です。それゆえ、平行四辺形の面積は、

（平行四辺形の面積）＝（底辺）×（高さ）

と求められることが分かります。

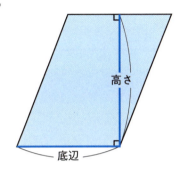

平行四辺形の面積の公式を、数学脳の観点で振り返る

 2 - 6 の締めくくりとして、平行四辺形の面積の公式を導いたプロセスを数学脳の観点で振り返りたいと思います。

次のページの図のように、平行四辺形の面積の公式を求めるためのスタート地点である"根拠"は、長方形の面積の公式と同じ"面積の定義"です（①）。長方形の面積の公式は、面積の定義に従い導出されています（②）。

平行四辺形の面積の公式は、"1辺が1の正方形"の個数を数えるというアプローチを直接用いることはできませんでした。なぜなら、一部の正方形が平行四辺形からはみ出してしまうからです。そこで、「平行四辺形は、"広さ"を変えずに長方形に置き換えられること（③）」に注目し、長方形の面積の公式という"すでに分かっている公式"に基づいて、平行四辺形の面積の公式を導きました。

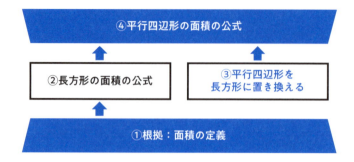

　①と②は、平行四辺形について考える前からすでに分かっていたこと、③は新たに思考することで導いた事実です。④の平行四辺形の面積の公式は、すでに分かっている①と②を根拠とし、③という思考を通じて導かれているのです。
　そういう意味では、既知の事柄である①と②を、新しい発見である④につなげる役割を果たしているのが、③であるということができます。

　ここで、以上の思考過程を振り返ってみたいと思います。

　下の図のように、一般的に、**すでに分かっていることをもとにして、未知の事柄について考える思考**を**推論**といいます。

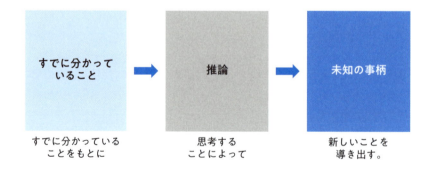

皆さんに体験していただいた平行四辺形の面積の公式を導く思考は、**すでに分かっている長方形の面積の公式をもとに**、**未知のことがらである平行四辺形の面積の公式**を導いているので、まさしく推論です。

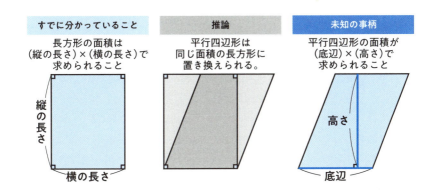

先述したとおり、平行四辺形の面積を求める上で重要なカギとなるのは、平行四辺形を長方形に置き換えることでした。下の図の説明のように、平行四辺形の底辺を長方形の横の長さ、高さを長方形の縦の長さに対応させれば、平行四辺形の面積の公式を導くことができます。

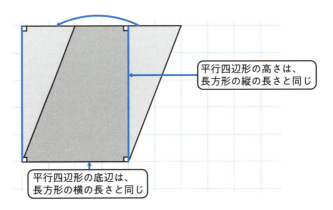

つまり、平行四辺形の一部を切り取り、スライドさせて長方形にできるという発見が、すでに分かっている長方形の面積の公式と、新たに分かった平行四辺形の面積の公式をつないでいるのです。

このように、**前提と結論をつなぎ、議論の筋を通す役割を果たしている**のが、数学脳の**筋道力**です。

数学の論理は明確です。皆さんも、この図の説明を読んだときに「なるほど！」と思いませんでしたか？　この本で数学を扱う理由の1つに、皆さんに、筋が通る爽快さを味わってほしいという思いがあります。

実際のビジネスの現場では、あらゆる課題に対して、数学の推論のように考え答えを出すことは難しいかと思いますが、数学で**筋道立てて考え、筋を通すことの大切さが分かり、筋が通る爽快感を味わった経験があれば**、混沌としたビジネスの世界でも粘り強く考える力がつきます。

2 - 7
"判断するための基準" を作ってみよう!

"判断するための基準"を作るメリットとは?

　皆さんが、将来に向けて何かに取り組むときは、**判断するための基準**を作ることをおすすめします。まず、**目的**と**目標**の使い方から説明します。

　例えば、スポーツ選手が海外で活躍するために英語を勉強する場合、

- **目的**：海外でプレーするため
- **やること**：英語を勉強する

となります。"目的"が達成したいこと、"やること"が実際に取り組むことです。留学のために英語を学ぶ人は、留学先の学校が求める英語のスコアをクリアしなければならないので、

- **目的**：留学先の学校が求める英語のスコアをクリアするため
- **やること**：英語を勉強する

となります。英語を勉強する場合に**判断するための基準**があると、目的に応じた英語の勉強方法を明確に定めることができます。スポーツ選手の場合は海外で生活しプレーするために必要な実践的な英語力に集中することができますし、留学を目指す人は試験対策が重要になります。

　続いて、目的を達成するためのマイルストーンとして、**目標**を定めます。スポーツ選手の場合は、「半年後までに専門のスポーツに必要な表現を〇個マスターする」、留学を目指す人は、「半年後にスコア△点をクリアし、1

年後には学校が求めるスコアに到達する」などの**目標**を定めることで、勉強する英語の内容をより具体的に定めることができます。

初めから完璧であることを求めない

次に、**判断するための基準**を作る上で留意すべきことをお伝えします。それは、初めから完璧を求めないことです。 2 - 3 (72ページ)で紹介したコピーライターも、初めから現在のように明確な**判断するための基準**をもって働いていたわけではありません。

彼が自分のキャリアを見直し始めたきっかけは、広告の効果を測定できるインターネット広告が普及したことでした。「成果を出せなければ、生き残れなくなってしまう」と危機感をもったことが当時の彼を動かした**根拠**で、**目的**は「クライアントに選ばれる人になる」です。

具体的に何をすべきかについては、当初は、見えていませんでした。実際に、そのときに考えた"やること"は、「クライアントに選ばれる人になるために必要な勉強をする」という漠然としたものでした。

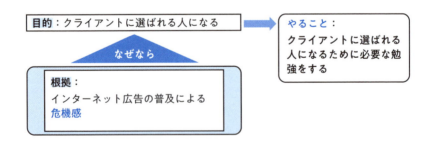

新しいキャリアを模索することは非常に大変です。自分の経験を整理することも大変ですが、無限の可能性の中から自分がやるべきことを絞り込むことも簡単ではありません。

そこで、彼はマーケティングの勉強を始めました。次のページの図のよ

うに、コピーライターの仕事は広告に分類され、広告はマーケティングに分類されます。「もっと、大きな視野でキャリアを考えてみよう」と考えたことがマーケティングを学び始めたきっかけです。

皆さんの仕事の全体像をとらえておくことは、皆さんの**判断するための基準**を作る上で役立ちます。皆さんの仕事と関連のある書籍などを参考に取り組んでみて下さい。

このコピーライターは、マーケティングを学びながら試行錯誤を経て、自分の将来の仕事に対して次のような全体像を描くことができました。

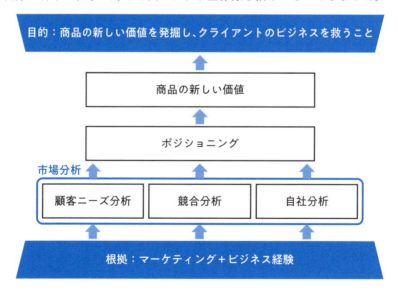

しかし、この全体像が"目的"を達成するための**判断するための基準**として成立するためには、"根拠"と"目的"を結ぶ経路が正しくなければなりません。つまり、彼が「商品の新しい価値を発掘し、クライアントのビジネスを救うこと」という目的を実現するには、その過程にある仕事が、その役割を果たすものでなければならないのです。

彼は、クライアントの商品の新しい価値を見出すためには**市場分析**が役立つことに気づき市場分析のスキルを磨きました。市場分析は、ポジショニングにつながる仕事です。**ポジショニング**とは、自社の独自の価値だと考えていただければよいかと思います。顧客ニーズを満たし、競争力があり、自社で提供可能な価値を見出すことがポジショニングの役割です。

そのため、彼は、市場分析の仕事では、**顧客ニーズ分析、競合分析、自社分析**という3つの分析を行っています。顧客、競合、自社（彼にとってはクライアント企業のこと）を分析することで確固たるポジショニングを提案できるという信頼性の高い仕事をしています。

顧客ニーズ分析、競合分析、自社分析からポジショニングを導くことが筋の通った仕事の進め方であることは、皆さんも次のページの図を見ていただくと、ご理解いただけるかと思います。このように、**仕事の進め方を筋道立てて決めること**に"筋道力"が役立つのです。

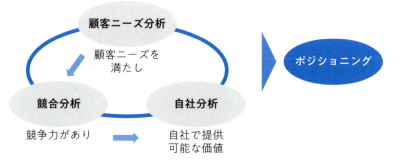

筋道力を使い、市場分析の仕事を組み立てた事例

　以上のように、このコピーライターは、仕事を筋道力を使って組み立て、「商品の新しい価値を発掘し、クライアントのビジネスを救うこと」という**目的**を達成するための**判断するための基準**を作り上げました。

第 3 章

停止している
思考回路を動かす力

～視覚化する力～

3 - 1
思考が停止してしまう理由とは何だろう？

　皆さんは、いくら考えても解決策が見つからず、思考が停止してしまう状況に陥った経験はないでしょうか？

　私は、コンサルタントとしてクライアントから相談を受けることが多いのですが、解決策を見出せずに悩む人の中でよく見受けられるケースが、

- 状況が整理できていない
- 自分の考え方を変えることができない

ということです。状況が整理できていないと思考が発散してしまい、あれこれと考えてしまいます。人間は、一度考えたことを忘れてしまうので、状況を整理しないまま考え続けると無意識のうちに同じ内容を何度も考えてしまいます。皆さんも、「あれ？　それさっきも考えたな……」と思ったことはないでしょうか。

　また、職場では、上司と意見が合わないなどコミュニケーションで悩むことがあります。相手と分かりあえないと「どうして、分かってくれないんだろう？」と感じてしまいますが、そうしたときは相手も同じように感じています。お互いが、自分の考え方を変えることができないのです。

　頭の中が整理できずに混乱している、あるいは、相手とのすれ違いを埋めることができない状態になると、私たちの思考は停止してしまいます。

こうした状況を打破するには、頭の中で考えていることを視覚化することをおすすめします。上司との意見が合わないなど、相手がいる場合は、相手も含めて視覚化します。

ここで、以下に紹介する「上司と部下の会話」がすれ違っている原因を、皆さんも一緒に考えてみてください。

上司：「わが社も、もうそろそろ新しい主力商品を開発しなければならない。次の時代を支える新商品の企画を考えてくれないか？」
部下：「営業部から値下げの要求がきています。競合（会社）が値下げをしているので、わが社の商品は敬遠されているそうです。新商品を企画する前に、値下げについて考えていただけますでしょうか？」
上司：「値下げはしない。既存の商品については考えなくてもいいから、君たちの将来を担う新商品について考えてもらえないか？」
部下：「将来に関しては認知度が課題です。競合に比べてわが社の認知度は十分ではありません。競合は広告も強化しています。このままでは、今のお客様も競合にとられてしまいます。」

2人の会話は、かみ合っていないことが分かります。

上司は、既存の主力商品のお客様が高齢化しており、若手の将来を考えると、若いお客様を獲得できる新商品が必要であると考えています。既存の主力商品に対しては、すでに十分な策を講じており、これ以上の労力をかけるよりは、将来のために新商品を早く開発したいと考えています。そのため、部下には中長期的な視野で考えてほしいと思っています。

一方、若手の担当者は、営業部から指摘されている課題に対して早急に対処しなければならないと考え、その対策方法を上司に相談しています。部下は、短期的な課題の解決をしたいと思っているのです。

第3章　停止している思考回路を動かす力　〜視覚化する力〜　105

この場合、上司も部下も正論を言っているので、お互いが自分の意見に固執してしまうと、両者の溝は、一層深まってしまいます。

　ここで、上司と部下の主張の違いを、図で整理してみましょう。

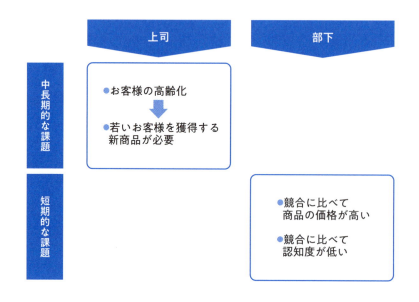

　上司は中長期的な視点から、部下は短期的な視点から意見を述べているので、この図では上司の意見と部下の意見を"中長期的な課題"と"短期的な課題"に分類して整理をしています。

　もし、この2人が、お互いの立ち位置をこの図のように整理していたら、相手が何を考えているかが明確になり、歩み寄ることができるのではないでしょうか。部下は、「上司は自分たちの世代のことを考えて、新商品を企画するよう指示しているのだな」と冷静に考えることができ、

「承知しました。新商品の企画を考えてみます。ところで、営業部から、商品の値下げができないか相談されています……。」

と、上司の指示を受け入れた上で、自分の相談をすることもできるようになるでしょう。自分の考え方を変えることができるのです。

視覚化すると、 新たな発見につながる

　話は変わりますが、皆さんは、ご自身の仕事について中長期的な視点で考えていますか？　忙しい日々に追われると、私たちは目先のことを考えるだけで精一杯になってしまうことがあります。

中長期的な視点をもつことは大切だ。

ということを耳にすることはあるかと思いますが、中長期的な視点をもつことを普段から意識している人は意外と少数派です。

　しかし、前のページのような図を自分の手で描いてみると、「中長期的な視点をもつことは大切だ」、「中長期的な視点をもたないとリスクがあるな」と、新たな気づきを得ることができます。課題には短期的なものと中長期的なものがあることを、図を描くことで意識できるからです。

　職場では、相手が大切なことを伝えてくれても、その真意に気づかず、大切なアドバイスが頭の中を素通りしていることが多々あります。上司や先輩からのアドバイスをメモする習慣がある人はいるかと思いますが、言葉だけでなく、図でまとめてみると、新たな気づきを得ることにつながります。

第3章　停止している思考回路を動かす力　〜視覚化する力〜　　**107**

3-2
AIで情報を集めても、役立てられない人の特徴とは?

3-1では、言葉だけで考えるのではなく、図を用いて描写することが必要だと説明しました。ここでは、その方法を説明します。

ビジネスの状況を分かりやすく描写するためのツールとして、**フレームワーク**というものがあります。経営戦略などを考えるときに用いる"思考の枠組み"のことをフレームワークといいます。

フレームワークは、情報を視覚化して分かりやすく分類する方法です。

2-7(100ページ)では、コピーライターがクライアントの商品のポジショニングを導くために、**顧客、競合、自社**の3つの観点から市場分析をしていることを紹介しました。この3つの分析は、対応する英語 Customer、Competitor、Company の頭文字を取って**3C分析**と呼ばれています。

3C分析はマーケティング環境を整理するためのフレームワークで、マーケティングの仕事ではよく使われています。**3C分析を使うことで、マーケットの状況を簡潔に描写することができる**からです。

3C分析

皆さんも情報収集をされているかと思いますが、ニュースや記事を読むだけではすぐに忘れてしまいます。フレームワークを使い、顧客に関する情報はCustomer、競合に関する情報はCompetitor、自社に関する情報はCompanyに分類すると、分かりやすく整理することができ、記憶に残るようになります。

　ヒット商品に関する記事を読むときにも、漠然と読むのではなく、次のように3Cを意識しながら読むことで、目的意識をもってマーケットの情報を分析することができます。

Customer（顧客）：ターゲットは誰か？
　　　　　　　　　その商品が満たしている顧客ニーズは何か？
Competitor（競合）：業界における立ち位置（トップ、2番手、ニッチ、……）
　　　　　　　　　他社との価格帯の比較
Company（自社）：企業のオリジナリティ
　　　　　　　　　企業の強み・弱み

フレームワークは、どうやって生まれたのか？

　フレームワークとは、主に学者やコンサルタントの先生たちが、成功した経営者の事例について数多く研究し、私たちがビジネスで考えるべき内容を、ビジネステーマに応じてまとめてくれたものです。

　3C分析の他にも、代表的なフレームワークとして、ビジネスの外部環境を分析するためのPEST分析というものがあります。Political（政治的）、Economic（経済的）、Social（社会的）、Technological（技術的）の頭文字を取ってPEST分析と呼ばれています。PEST分析は、外部環境の中でも、とりわけ、国家レベルの大きなトレンドを分析するために使われるため、"マクロ環境分析"のツールであると言われています。

PEST分析

Political	Economic	Social	Technological

　マクロ環境は、一企業の力が及ばないものと考えられています。政治の決定事項や国家レベルの金融政策、少子高齢化の問題、AIの普及などは、一企業の力では流れを変えることはできません。日本の社会問題となっている少子高齢化の現状や世界的なAIのトレンドを一企業として変えることが難しいことは、皆さんも納得できるかと思います。

　マクロ環境の変化に対して、企業は対応していかなければならないのです。それは、個人に対してもあてはまります。AIの普及に関しては様々な意見があるかと思いますが、重要なことは、AIの動向を正しく理解し、どう対応するかなのです。

　こうした意識をもって、PEST分析のフレームを活用することで、情報収集をアクションにつなげることができるのです。

　フレームワークを活用すると、分析内容が整理され、判断力も高まります。フレームワークは筋道力をアップさせる便利なツールでもあるのです。

　2 - 2 では、情報収集が難しい理由に情報を整理できないことを挙げましたが、フレームワークを用いることで、情報の整理が容易になります。今後は、生成AIが情報収集を効率化することが期待されています。しかし、情報の受け手側に情報を整理するための器がなければ、情報収集の手段が発展したとしても情報を活用することはできません。

　普段から、フレームワークを活用し、情報を整理する力を磨いておくことが大切なのです。

3-3 視覚化すると、難しいことが簡単に理解できる

　これまでの説明で、視覚化することで頭の中がスッキリと整理できることを実感いただけたかと思います。このように視覚化する数学脳のスキルを**視覚化する力**と呼ぶことにします。

　数学脳の**視覚化する力**は、以下のように、文章だけでは分かり難いものを**描写して分かりやすくする力**と、視覚化して考えることで**気づけなかったことに気づく力**の2つで構成されています。

数学脳の"視覚化する力"

(1) 描写して分かりやすくする力　←以降、「描写力」と呼ぶ
(2) 気づけなかったことに気づく力　←以降、「気づき力」と呼ぶ

　これら2つの力の関係は、下の図に表すように**描写力**が**気づき力**を支える構造になっています。

数学脳の視覚化する力

すでに説明してきたように、言葉だけでは分かりにくい状況を図を用いて分かりやすくする力が描写力です。 3 - 1 では、上司と部下のコミュニケーションがすれ違っている状況を、上司の中長期的な視点と部下の短期的な視点に分けて描写することで、両者の立場を明らかにしました。

3 - 2 では、フレームワークを使うことで、ビジネスの状況を簡潔に描写できることを紹介しました。

このように、ビジネスの状況を図によって整理することで、課題を明らかにし、冷静に考え、気づきを得ることができます。気づき力は、描写力があってこそ活きてくる力なのです。

図を用いて、状況を整理する力は描写力

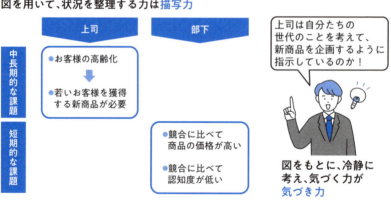

以上のように、**視覚化する力**では、描写力がカギとなるわけですが、普段の仕事を描写する際に意外と役立つフレームワークが"5W1H"です。"5W1H"を用いて上司に報告すると、「上手くまとめられている」という印象を与えやすくなります。現場の状況を言葉だけで説明すると複雑になりがちですが、"5W1H"を意識して説明することで、聞き手は、状況を把握しやすくなります。

　数学脳の**視覚化する力**は、他の数学脳をサポートする力でもあります。**正確にとらえる力**のはっきり力、**思考の軸を作る力**の筋道力などは、**視覚化する力**を用いることで威力を発揮できるスキルです。

　視覚化する力は、第4章以降で紹介する**全体を俯瞰する力、本質を見抜く力、統合する力**の効果を高める上でも不可欠な力です。

第3章　停止している思考回路を動かす力　～視覚化する力～　　**113**

3 - 4
算数で、"視覚化する力" を鍛えよう！

これまで説明してきたように、**視覚化する力**は数学に固有な能力ではなく、ビジネスにも使える幅広いスキルです。

なぜ、**視覚化する力**を数学脳として紹介しているかというと、この能力を数学で学ぶことによって、その効果を実感しやすいからです。

小学校では、計算をするときのルールについて学びます。例えば、1つの式に、たし算やひき算とかけ算やわり算が混在している場合、たし算やひき算よりも**かけ算やわり算を先に計算する**ことを学びます。また、式の中に、（　　）がある場合、**（　　）の中を先に計算する**ことも学びます。

例えば、以下の①、②式を例に説明すると、

$$4 \times 3 + 2 \quad \cdots ①$$
$$4 \times (3 + 2) \quad \cdots ②$$

①式では、かけ算とたし算が混在しています。そのような場合は、かけ算のほうを $4 \times 3 = 12$ と先に計算し、計算結果は、

$$12 + 2 = 14 \quad \cdots ①'$$

となります。一方、②式には（　　）があります。（　　）の中を $3 + 2 = 5$ と先に計算し、計算結果は、

$$4 \times 5 = 20 \quad \cdots ②'$$

となります。

描写力を使って、意味を考える

序章で、かけ算の説明をしたときに、

「(ある数)を(何回)たすことを、(ある数)×(何回)という式で表す」

というかけ算のルールを確認しました。そして、ルールを具体的に理解するため、3×5が3を5回たしたものであることを、以下のようにミカンの図を用いて確認しました。

序章では描写力の説明はしていませんが、この図は、かけ算のルールを描写力を用いて表したものです。

3×5とは、3を5回たしたもの

それでは、前のページの②式4×(3＋2)の意味を描写力を使って考えたいと思います。

4×(3＋2)はかけ算のルールに従うと、4を(3＋2)回、すなわち、5回たしたものであることが分かります。ここでは、4を5回たすではなく、あえて、4を(3＋2)回たすとして、4×(3＋2)というかけ算を描写していきたいと思います。描写した図は次のようになります。

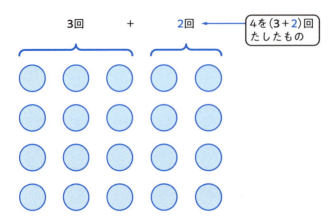

　この図を眺めると、あることに気づきます。$4 \times (3 + 2)$ で計算される玉の数は、4×3 と 4×2 の計算結果を合わせたもの、つまり、

$$4 \times 3 + 4 \times 2$$

と同じだということです。この関係を図で表すと以下のようになります。

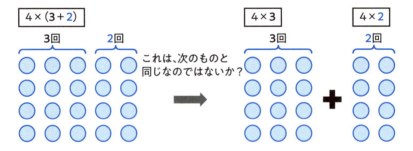

この関係を、改めて式で表すと、次のようになります。

$$4 \times (3 + 2) = 4 \times 3 + 4 \times 2$$

　ここで、皆さん、上の図をもう一度見てください。左側の図と右側の図

を見比べてみると、

4 × (3 + 2) = 4 × 3 + 4 × 2 という関係は、4、3、2以外の数をあてはめても成り立つのではないか？

と思えるのではないでしょうか。

　そこで、②式の4の代わりに3、3の代わりに5をあてはめると（2はそのまま）、以下に示すように、この関係が成り立つことは明らかです。

$$3 × (5 + 2) = 3 × 5 + 3 × 2$$

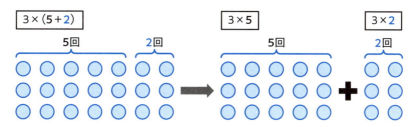

このように考えると、次のように、●、▲、■に他の数をあてはめても、

$$● × (▲ + ■) = ● × ▲ + ● × ■$$

という関係が成り立つのではないかと、皆さんは気づくのではないでしょうか。

　実際、（●が4、▲が3、■が2）の場合と、（●が3、▲が5、■が2）の場合について、● ×(▲+■)=●×▲+●×■の関係が成り立つことを確認してきました。この二つの例を通じて共通していることをまとめると、次のようになります。

共通していること

●×(▲+■)=●×▲+●×■

　式の左側の"●×(▲+■)"は、縦に●個並ぶ玉の列を、横に(▲+■)列分、並べたもので、式の右側の"●×▲+●×■"は、その並びを、左から順に▲列分の並んだものと、■列分の並んだものに分けたものです。

　文章で読んでも伝わりにくいかと思いますので、図で描写してみましょう。ここで説明の都合上、●をA、▲をB、■をCとアルファベットに置き換えて説明することとします。

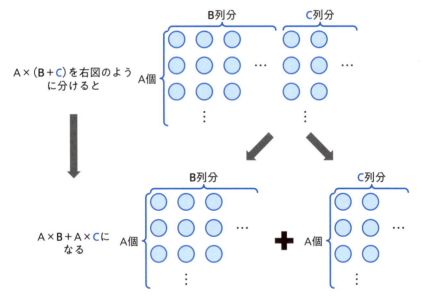

　この図から、A、B、Cにどんな数をあてはめても、A×(B+C)は、A×B+A×Cと同じになることが分かります。

　ゆえに、一般的に

$$A \times (B + C) = A \times B + A \times C \quad \cdots ③$$

という関係が成り立つことが分かります。

　皆さんも、ご記憶にあるかもしれませんが、③式は、一般的に**分配法則**と言われています。

> **分配法則**
>
> $$A \times (B + C) = A \times B + A \times C$$
> ①①②②
>
> Aを（　　）の中の数字に順番にかけていくことで、（　　）を外すことができる。

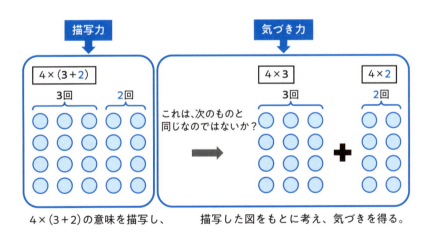

4×(3＋2)の意味を描写し、　描写した図をもとに考え、気づきを得る。

3 - 4 の内容をまとめると、$4 \times (3 + 2)$ という式の意味を描写したことで、$4 \times (3 + 2)$ が、$4 \times 3 + 4 \times 2$ と同じであることに気づくことができました。

そして、この気づきをもとに、思考を発展させることによって、

$$A \times (B + C) = A \times B + A \times C$$

が成立するという、新たな気づきを得ることができたのです。このことから、**視覚化する力**の描写力と気づき力の間には、

描写力という支えがあるから気づき力が使えるようになる

という関係があることが分かります。

3 - 5
頭の中に"思考の地図"を作ろう！

　皆さんが他の人の話を聞いても「分からない」と感じているとき、頭の中でイメージを描けていないことが多いのではないでしょうか。一方、分からないことを理解しようとするときには、私たちは頭の中でイメージを描こうとします。

　このように、"イメージを描くこと"と、"分かること"には密接な関係があると考えられます。

　視覚化する力の**描写力**は、思考する対象をイメージしやすくすることに役立ちます。イメージがつかめるからこそ、思考を発展させることができるようになります。

　皆さんの仕事についても同じです。全体像をイメージしやすい状態にしておくことで、仕事の品質を高めるためにプロセスを見直しワークライフバランスのために働き方を見直すこともできるようになるのです。

　そこで、皆さんに提案です。数学脳の**視覚化する力**を用いて、皆さんの仕事の全体像を整理してみてはいかがでしょうか？

　2 - 7 ではコピーライターの**判断するための基準**を紹介しましたが、彼は仕事を次のように整理しています。

第3章　停止している思考回路を動かす力　〜視覚化する力〜　　**121**

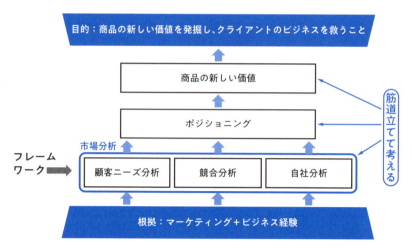

仕事をするときの"思考の地図"

　彼は、従来の「コピーを書く仕事」を見直し、「商品の新しい価値を発掘する仕事」へとシフトしました。新しい仕事にシフトするまでの間は手探り状態が続き、仕事の中身を整理できるまでは苦労もしました。しかし、彼が自分の仕事の全体像をこのように簡潔にまとめることができた理由は、手探りをしながらも仕事のイメージを描写し続けたからです。

　マーケティングという、彼にとって未知な分野の仕事を整理するため、3C分析というフレームワークも活用しました。このフレームワークは、彼がマーケティングを理解するための手掛かりにもなりました。

　もし、彼が、自分の仕事の全体像を図やフレームワークを使わず言葉だけで組み立てたとすると、このように簡潔に整理することはできたでしょうか？　それが難しいことは、皆さんも想像できるかと思います。

　この図は、彼が仕事をするときの"思考の地図"としての役割も担っています。この図から、どういうプロセスを経て仕事をすべきかが、一目瞭然

だからです。彼は新しいクライアントの仕事をするとき、この地図をもとに仕事のスケジュールを組み立て関係者に共有しています。

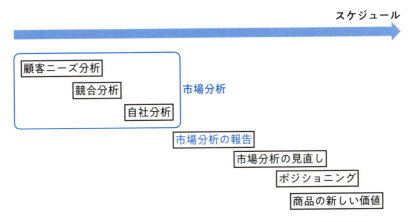

仕事の全体像をもとに、スケジュールを立てる

　仕事のスケジュールを立てることを苦手とする人は意外と多いものですが、仕事の全体像が描けていると計画を立てることが楽になります。

　彼が提案する**商品の新しい価値**は、市場分析で調べた**事実**に基づいて考えられています。彼は、現場にも足を運び、生きたマーケット情報を得ることを心がけています。

　また、彼は、ポジショニングを考える前に市場分析から得られた**事実**をクライアントと共有して、クライアントとマーケットに対する認識を合わせておくことを重視しています。クライアントと認識を合わせておくことは、彼の提案を**事実**に即した現実的なものとしてクライアントに受け入れてもらうための下地作りになるからです。

　一方、**商品の新しい価値**を自分の思い付きで発想しようとする人もいま

す。こうした人は「他の人が考えつかない斬新なアイデアを発想することがクリエイティブだ」と思っているのです。しかし、そうした思い付きで発想されたアイデアには、**事実**による裏付けがありません。

コピーライターの彼は、**市場分析から得られた"事実"を強みとすることで、発想力だけで勝負する人たちの仕事とは一線を画すことができている**のです。

スケジュールを共有し、仕事の進め方をクライアントに説明することで、クライアントは、彼がマーケットの**事実**に基づいた企画ができる人であることを理解しています。

余談ですが、彼は、常日頃からマーケットの情報を、**3 - 2**（108ページ）で紹介したように3C分析をもとに整理しています。その結果、クライアントに適切なアドバイスを提供できるようになり厚い信頼を得ています。

クライアントは、**AIには置き換えることができない彼の価値**を理解しています。

皆さんも、仕事の全体像を描写することが、様々な気づきを生み出し、仕事に好循環をもたらすことをご理解いただけたかと思います。

第 4 章

細部にとらわれず
大局観を持つ力

~全体を俯瞰する力~

4 - 1
仕事の価値は、
どうやって見つけたらよいのか？

ここで、皆さんに質問です。

皆さんは自分の仕事の内容を高校生に分かりやすく説明できますか？

パイロット、電車の運転手、農家、料理人などイメージしやすい職業もありますが、会計士やコンサルタントのように高校生には理解することが難しい仕事もあります。

なぜ、このような質問をしたかというと、自分の仕事を客観的に見つめ、価値を知ることが、AI時代に生き残るためには必要不可欠だからです。

もし、自分の仕事を高校生に分かるように説明できないとしたら、自分の仕事の意味や価値を理解できていないかもしれません。

高校生：「毎週、売り上げを分析する理由は何でしょうか？」
社会人：「課長から分析するように言われているからだよ」
高校生：「……」

「昔からやっているから」、「上司から指示されたから」では、本当の意味で、その仕事の価値を理解しているとは言えません。これでは、高校生が納得できる説明にはなりません。

会社の中で働いていると、上司の指示通りに働けば及第点はもらえます。しかし、そのような働き方を続けていると、AIなどの新しい技術が導入されたときに仕事を失うリスクが高くなります。

普段から、自分の仕事の価値を把握し、価値を高めるためにはどうすればよいかを考える習慣をもつことが必要です。

自分の仕事の価値を考える

　そこで、次の図のように、皆さんの仕事を、**インプット➡仕事➡アウトプット**の流れで整理することをおすすめします。

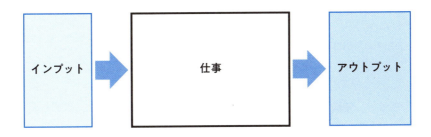

　例えば、営業職の場合、「仕事」を"営業"と一括りにせず、初回訪問、提案、見積もり、クロージングなど具体的な仕事の内容が分かるようにブレイクダウンすることが大切です。

　初回訪問という仕事では、上司から渡された訪問先のリストや販促部門から提供された販促資料が仕事の**インプット**になります。

そして、訪問先の企業情報を事前にインターネットで調べ、実際に訪問します。**初回訪問**で、訪問先から、現状使っている競合製品への不満や、先方が望んでいる業務改善に関する情報、製品の導入を決定するキーパーソン、組織情報などを得ることができれば、それらが**アウトプット**になります。

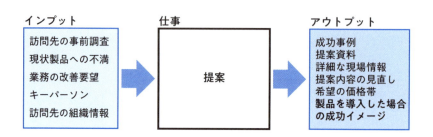

　そして、**初回訪問**で得られた情報をもとに訪問先の参考となる成功事例をまとめ、技術担当と訪問先への提案内容を考え、**提案**へと進みます。
　提案内容をプレゼンし、製品を導入する現場の詳細な情報や提案内容に対するフィードバックをもらい必要に応じて**再提案**をします。希望の価格帯を聞き出すことができれば、見積もり作成に役立てることができます。
　適切な提案をすることによって、お客様が「製品を導入することで実現できる成功した姿」をイメージできれば、受注できる可能性も一気に高まります。

　見積もり、クロージングに関しての説明は省きますが、このように仕事を分解し、各々の仕事に対する**インプット**、**アウトプット**を明確にすることで、自分の仕事内容を具体的に振り返ることができます。
　また、自分の仕事を整理しておくと、先輩の営業活動に同行した際に、「先輩は、顧客の課題を探るために聴くことに専念している」、「競合製品を含めて製品情報には詳しいな」など、自分の仕事の方法と照らし合わせ、先輩の優れた点を具体的に学ぶことができるのです。

このように整理すると、営業という仕事は、お客様の業務を改善するなど、自社製品でお客様を成功に導くために活躍ができる仕事だと分かります。

「AIの発達によって営業の仕事がなくなる」という意見もありますが、「お客様を成功させる仕事」をAIですべて実現することは、相当、ハードルが高いと考えられます。取り扱う製品にもよりますが、お客様のニーズを聞き出し、現場に即した改善策を組み立て、提案をするという仕事は、人でなければ難しいのではないでしょうか。

しかし、AIのサポートによって、営業の業務効率化が図られていくことは避けられないでしょう。営業事務の仕事などは効率化の対象となる可能性は高いと考えられます。企業向けのビジネスであっても、すでにECサイトで販売されている商品があるように、人ならではの付加価値をつけられなければ、技術に置き換えられるリスクは高くなります。

一方、「ネットで調べる時間や、伝票処理に要する時間を減らし、客先に行く時間を増やしたい」と考えている営業担当もいます。彼らはAIは効率化を助けてくれる便利なツールだと考えています。

「AIを味方につけるか、それとも、AIに仕事を奪われるか」の違いは、「自分の仕事を整理し、仕事の価値を高めるためにすべきことを見極められるかどうか」にかかっているのではないでしょうか。

インプット➡仕事➡アウトプットという形で、仕事を整理し、強みを伸ばし、弱みを改善することで自分の価値を高めていくことができるのです。皆さんも、自分の仕事で実践してみてください。

4-2 AIに置き換えられないために、自分の仕事を広い視野で考える

　続いて、売り上げ分析の担当者の事例を用いて、視野を広げる重要性について説明したいと思います。

　この分析担当者の仕事を**インプット**➡**仕事**➡**アウトプット**で整理すると次のようになります。

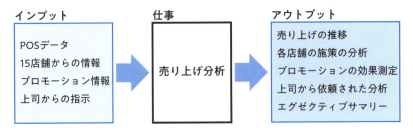

　この分析担当者は、商品企画部に所属し、上司からの依頼を受けて、15店舗のPOSデータを用いて売り上げを分析しています。その他に、店舗からの情報をもとに各店舗の施策を分析すること、販促部門からの情報をもとにプロモーションの効果を測定することを行っています。上司から、追加分析の指示があれば対応し、上司が経営会議で報告するためのエグゼクティブサマリーも作成しています。

　この分析担当者は、主に表計算ソフトを用いて仕事をしていますが、AIなどの技術が発達しグラフやレポートを自動で作成するようになることで、自分の仕事がなくなることを危惧していました。

　以前から、レポートを読みやすくするため、グラフ作成に使う色や文章のフォントの選択、文章の簡潔さにこだわって仕事をしてきましたが、そ

うしたことがAIとの差別化になるとは思えませんでした。上司からは、ミスが少ないこと、仕事が速いことを評価されていますが、それだけではAIには太刀打ちできないと考えていました。

そこで、次のように、自分の仕事を見直すことにしました。

上司は、なぜ、売り上げの分析レポートを必要としているのか？

結論から先に言うと、上司は、経営判断を下すために売り上げの分析を参考にしています。売り上げが下がったときは、その原因を調べ、対策を講じています。販促部門や店舗のマネージャーと施策の効果を検証し、改善策を実施するために社内調整に奔走しています。

この分析担当者は、以前から販促部門や店舗とは電話やメールでコミュニケーションをしてきましたが、上司が経営判断に使うことを意識してからは店舗に足を運ぶようになりました。自分が分析に使うPOSデータの中身を理解するには、商品が実際に陳列され、プロモーションツールが使用されている現場を理解したほうがよいと考えたからです。その結果、

● 新商品のPOPが目立っていない
● 新商品の説明が分かりにくい
　　　　　⋮

など、分析レポートに現場で撮影した写真を添え、自分の目で確認したことを報告するようにしました。地方の店舗からは、売り場の写真を送ってもらい、数字と照らし合わせて報告すると、上司や販促部門、店舗マネージャーは、「状況が一目で分かる」と評価してくれました。

売り場の状況を伝えることで、商品企画部の同僚とのコミュニケーションもよくなりました。売り場の写真を見ながら、商品開発に関する話をする機会も増えました。

第4章　細部にとらわれず大局観を持つ力　〜全体を俯瞰する力〜　　**131**

この分析担当者は、以前は、POSデータの数字にしか関心がない状態でした。しかし、POSデータの数字は販促部門や店舗が実施した施策の結果です。POSデータの数字を作り出す現場に視野を広げることで、ビジネスのリアルな姿がつかめるようになりました。こうした経験から、

自分の仕事は、分析レポートを作ることではなく、経営をサポートすることだ

と意識が変化しました。以前に比べて主体的に働くようになりました。

　こうした変化は、この分析担当者が、上司や同じ部署の同僚、そして、販促部門や店舗という他部門へ意識を広げたことで生じたのです。

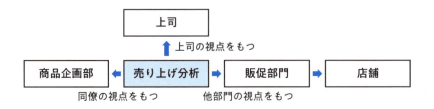

　自分の仕事の**インプット**がどこから来るのか、**アウトプット**が誰の役に立っているのかを考えることが、視野を広げることにつながります。仕事は自分一人だけでは成立しません。関係者とのつながりを理解することで、自分の仕事の本当の役割が見えてくるのではないでしょうか？

　4-1 では営業の事例を、 4-2 では分析の事例を紹介しましたが、この2つの事例を通じて説明したかったスキルは、数学脳の**全体を俯瞰する力**です。**全体を俯瞰する力**は、次の2つの力で構成されています。

数学脳の"全体を俯瞰する力"

(1)関連付けて理解する力　←以降、「関連付ける力」と呼ぶ
(2)全体像を描く力　　　　←以降、「全体力」と呼ぶ

関連付ける力は、物事の関係性を見抜く力です。

営業の事例では、初回訪問のアウトプットが提案のインプットになっていることを説明しました。初回訪問の場で話が盛り上がったとしても、次の提案につながらなければ意味がありません。 4 - 1 では、初回訪問と提案の仕事のインプット、アウトプットを洗い出し、初回訪問と提案の仕事の関係性を整理しました。

全体力は、全体像を描く力です。

売り上げ分析の担当者の事例では、上司や商品企画部の同僚、販促部門や店舗など他部門との関わりを全体像として描き、分析担当者が自分の仕事の意味を見出すことができた事例を紹介しました。

組織では分業によって仕事が進められています。各担当者が各々の担当業務のことだけを考えていても、全体としてのパフォーマンスを上げることはできませんし、本来の自分の役割に気づくこともできません。

全体を俯瞰し、考える力を身につけることで、自身の仕事の意味や価値を見出すことができるのです。

関連付ける力、全体力という2つの力で構成される全体を俯瞰する力は、数学が発展する上でも重要な働きを担っています。次の 4 - 3 以降で、数学を通じて、全体を俯瞰する力について理解を深めていきましょう。

第4章　細部にとらわれず大局観を持つ力　〜全体を俯瞰する力〜　133

4 - 3
"関連付けて理解する力"を身につける

　ここでは、三角形の面積を通じて関連付ける力について学びましょう。関連付ける力は、数学脳の要となる能力です。

　それでは、三角形の面積について考えてみましょう。

三角形とは？

　三角形の面積について考えるにあたり、最初に、第1章で学んだ数学脳の確認力を使って、三角形とは何かを確認しておきましょう。

> 3本の直線でかこまれた形を、三角形といいます。
> （『新しい算数２上 考えるっておもしろい！』 p.106、東京書籍）

　この定義だけではイメージできない方もいるかもしれませんので、数学脳の描写力を用いて、この定義が表す図形を実際に描いてみましょう。

三角形には、様々な形がある

　3本の直線で囲まれた形を実際に描いてみると、上の図のように多様な形があることが分かりますが、すべて三角形であることは納得していただけるかと思います。定義を読んだだけでは判然としなかった方も、描写力を使うことで理解できるようになりますね。

三角形の面積

　三角形の定義を理解できたかと思いますので、次に三角形の面積について考えていきたいと思います。三角形の面積は、皆さんが第2章で学んだ平行四辺形の面積(89ページ)と関連付けることによって、その公式を導くことができます。

　それでは、下の図の三角形を用いて、三角形の面積について考えていきましょう。

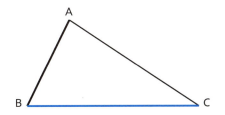

　まず、この三角形と合同な三角形(完全に同じ形)を準備します。そして、合同な三角形を、もとの三角形ABCの上にぴったり重ね合わせます。

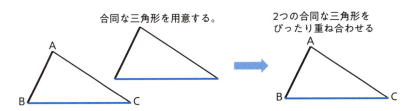

　次に、上に重なっている三角形を、次のページの図の①のように頂点Cを中心として、②のように半円を描くように回転させます。そして、回転させた三角形を③のように辺ACに沿ってスライドさせて辺どうしをぴったり合わせます。すると、2つの合同な三角形を合わせた図形は④の平行四辺形になります。

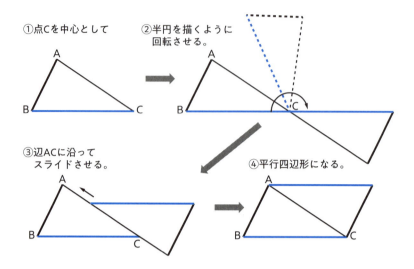

　この平行四辺形は、2つの合同な三角形から作られているので、三角形ABCの面積の2倍になります。このように図を描くことによって、**三角形ABCは、この平行四辺形の半分の大きさ**であることが明確に分かります。余談にはなりますが、このように、三角形と平行四辺形の関係を筋道立てて説明する力は第2章で学んだ筋道力です。

　平行四辺形の面積の公式は、すでに第2章で学んでいます。この平行四辺形の面積を求め、それを2でわることで、三角形ABCの面積を求めることができます。

　三角形の面積が平行四辺形の面積の半分であることは、どんな形をした三角形にもあてはまります。興味のある方は、いろいろな三角形で確認してみてください。

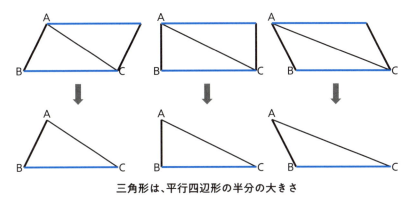

三角形は、平行四辺形の半分の大きさ

三角形の面積の公式を一般的に表すと、以下のとおりです。

> **三角形の面積の公式**
>
> （三角形の面積）＝（底辺）×（高さ）÷2

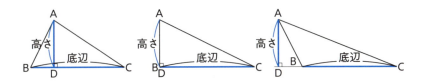

※上の3つの三角形は、いずれも、BCを底辺、ADを高さとしている。

　以上、三角形を平行四辺形と関連付けることで（関連付ける力）、「三角形の面積は、平行四辺形の半分である」と、三角形の面積の公式を導くことができました。この三角形と平行四辺形の面積の関係が正しいことを説明できるのは筋道力のおかげです。このケースでは、関連付ける力が筋道力（第2章）によって支えられています。

4 - 4
数学脳の "全体を俯瞰する力" を身につけよう

4 - 3 では、関連付ける力を用いて三角形の面積の公式を導きました。ここでは、長方形、平行四辺形、三角形を俯瞰し面積について広い視野で考えてみたいと思います。

第1章では、「面積とは"1辺が1の正方形"が何個分あるかで広さを表したものであること」を説明し、長方形の面積の公式を導きました。

第2章では、「平行四辺形が、広さを変えずに長方形に変形できること」を用いて、長方形の面積の公式をもとに平行四辺形の面積の公式を導きました。

第4章では、平行四辺形の面積の公式をもとに、三角形の面積の公式を導きました。

このように、長方形の面積の公式、平行四辺形の面積の公式、三角形の面積の公式には、それぞれ関連があるのです。「三角形の面積は、底辺と高さが同じ平行四辺形の面積の半分」というように、三角形と平行四辺形の関係が分かれば、三角形の面積の公式を忘れた場合でも、平行四辺形の面積の公式から導くことができます。

平行四辺形や三角形の面積の公式を覚えたところで、多くの人にとっては、それらの公式を社会人になってから使う機会などないでしょう。しかし、平行四辺形と三角形の面積の関係について考えたように、物事の関係を考える習慣を身につけることは、営業担当者や分析担当者の事例でも紹介したとおり、社会人になっても役立ちます。

以上の説明を整理すると次の図のようになります。三角形の面積の公式が、面積の定義、長方形の面積の公式、平行四辺形の面積の公式をもとに導かれている様子が分かるかと思います。

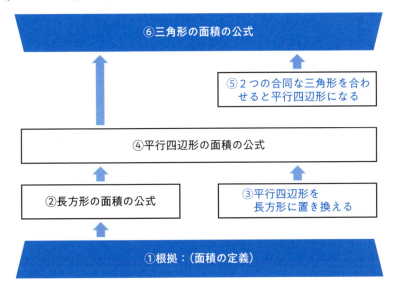

面積の全体像を考えよう

　ここで、上の図のプロセスを、改めて、数学脳の**全体を俯瞰する力**によって振り返ってみたいと思います。**全体を俯瞰する力**は、 4 - 2 （133ページ）で説明した通り、次の2つの力で構成されています。

(1)　関連付ける力
(2)　全体力

関連付ける力

　まず、関連付ける力から説明します。ここで、「三角形の面積の公式を導く」ことを1つの仕事として考えてみましょう。「三角形の面積の公式を導く」

仕事のインプット、アウトプットをシンプルに考えると、インプットは"平行四辺形の面積の公式"、アウトプットは"三角形の面積の公式"となります。

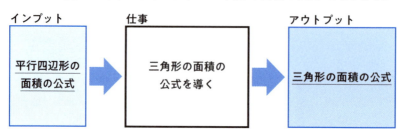

なぜ、平行四辺形の面積の公式をインプットとして三角形の面積の公式がアウトプットとして導かれるかというと、平行四辺形と三角形の間に次の関係が成り立っているからです。

左側の三角形は、右側の平行四辺形の半分

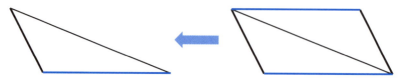

　このように整理すると、三角形の面積の公式を導くときのインプットには既知の「平行四辺形の面積の公式」があり、「三角形の面積の公式」は、既知の「平行四辺形の面積の公式」に関連付けて導かれていることがよく分かるかと思います。

　第1章で説明した長方形の面積の公式も、"1辺が1の正方形"の個数を数えることを、"かけ算"と関連付けることで導くことができました。次のページの図のように、数を数えるという意味では、左側の面積を求める3×4とミカンの合計の個数を求める3×4は同じです。

数を数えるという意味では、面積の3×4とミカンの3×4は同じ

長方形の面積の公式も、すでに分かっているかけ算と関連付けることで、導かれているのです。

全体力

続いて、全体力について説明します。

この本では、関連付ける力を用いて、面積の定義から出発し、長方形、平行四辺形、三角形の面積の公式を段階的に導いてきました。全体力とは、そのプロセスの全体像を描く力です。面積の公式を導くプロセスを全体力を用いて描くと次のようになります。

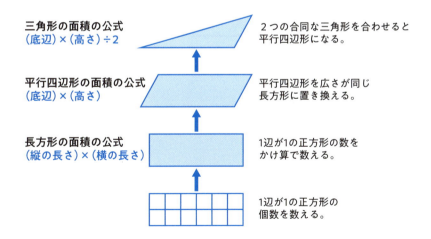

このように、全体力を用いて3つの図形の面積の公式の全体像を描くことができれば、この図を見るだけで面積の定義から三角形の面積の公式を導くまでのプロセスの全体像を俯瞰することができます。

プロセスの全体像を俯瞰できれば、長方形や平行四辺形、三角形の面積の公式の意味が見えてきます。面積の公式を暗記して試験を乗り切る勉強とは違い、数学脳を使うと、長方形、平行四辺形、三角形の面積の意味、それぞれの関係性が分かるようになります。

三角形の面積の公式だけを暗記しても、長方形や平行四辺形とのつながりが見えないように、自分に直接関係がある仕事のノウハウだけを身につけ狭い範囲で仕事をし続けても、仕事の意味や広がりは見えてきません。

しかし、次の 4 - 5 で説明するように、皆さんが、関連付ける力、全体力を用いてご自身の仕事に向き合うようになると、4 - 1 で紹介した営業担当者や 4 - 2 で紹介した売り上げ分析の担当者のように、自分の仕事の意味が分かるようになり、皆さんの将来の可能性が開けてくるのです。

4-5 仕事の全体像を俯瞰し、成果を上げよう!

　本章の冒頭では、皆さんの仕事を、**インプット➡仕事➡アウトプット**の流れで整理することをおすすめしました。その目的は、自分の仕事の全体像を俯瞰し、成果を上げるためです。具体的な事例として、営業担当者の事例と分析担当者の事例を紹介しました。

　ここで、営業担当者の仕事の全体像を俯瞰してみましょう。他にも細かい業務がありますが、それらは省くこととします。以下の図に示すように仕事の全体像を描くために使うスキルが**全体力**です。

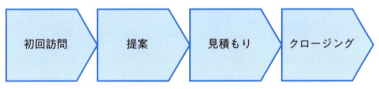

営業担当者の仕事の全体像

　営業の仕事のゴールは、クロージングする案件を増やすこと、つまり、売り上げを上げることです。
　この営業担当者は、クロージングする案件を増やすためのカギになるのが"提案"であると考えています。そのため、"提案"の前段階になる"初回訪問"で、"提案"に必要な情報を聞き出すことを重視しています。

営業担当者の事例（初回訪問と提案の関係）

第4章　細部にとらわれず大局観を持つ力　〜全体を俯瞰する力〜　　143

この営業担当者が、初回訪問で訪問先に「現状製品への不満」、「業務の改善要望」、「キーパーソン」、「訪問先の組織情報」を質問する理由は、提案を成功に導くためです。この営業担当者が業績アップを実現できた理由は、"初回訪問"を「"提案"に必要なヒアリングの場」であると関連付け、"提案"に必要な情報を収集するヒアリング方法を確立したからです。

まさに、関連付ける力と全体力を活用した事例です。

　続いて、分析担当者の事例について解説します。分析担当者の仕事の場合、売り上げ分析という仕事の「アウトプット」は、上司が経営判断を下すための判断材料になっています。

分析担当者の事例（売り上げ分析と経営判断の関係）

　そこで、この分析担当者は、上司が、なぜ、売り上げ分析のレポートを必要としているかを考えました。上司を自分の仕事の顧客ととらえ、どうすれば上司の役に立つかを追究しました。つまり、売り上げ分析のレポートの内容を、どのように"経営判断"に関連付けられるかを考えたのです。

　そして、「商品を開発して売る」という会社全体の仕事を俯瞰し、自分の仕事の価値を高める働き方を見出すことができるようになりました。

　レポートに使うグラフの色やフォントなどの細部にこだわっていた頃とは違い、ビジネスを大局的にとらえ、活躍しています。

この分析担当者も、関連付ける力と全体力を活用し、自身の仕事の価値を高めることができたのです。

第 5 章

古いやり方にとらわれず
前に進む力

〜本質を見抜く力〜

5 - 1
技術の進化に備えた リスキリングは必要なのか?

皆さんは、次のような言葉を、耳にしたことはないでしょうか?

　　テクノロジーの進化に備えて、リスキリングが必要だ。

実際、AIのように成長が見込まれる分野で働けるように準備しておくことが必要だという人もいます。しかし、

エンジニアでもない人が、AI技術の専門家になる必要はあるのでしょうか?

新しい技術が世の中に登場するとき、すでに、その技術の第一人者がいて、実際に開発に携わった人も多くいます。その分野の経験がない人が、独学でその道のプロに追いつくことは難しいのが現実です。

もちろん、新しく学校に入り直すなど、強い意志をもってキャリア転向することは素晴らしいことです。覚悟があるのであれば、キャリア転向もありでしょう。ただ、「別に、AI技術者になりたいわけではない」という人が、将来に対する不安からAIの分野に挑戦することは、相当、ハードルが高いと考えたほうがよいでしょう。

将来に対して不安を抱く気持ちは分かります。将来も安心して働きたいと思うことは当然です。
そのためには、自分の仕事の"本質"を考えることが大切です。ここで、「本質」について、確認しておきましょう。

146

> **本質**
> そのもののいちばんもとになる性質
> 　　　　　　（『三省堂例解小学国語辞典 第七版』 三省堂）

　現代社会は、生活環境や価値観がめまぐるしく変化しています。仕事の内容や働き方が変わり、それらは多様化し、何が正しいのか判断することが難しくなっています。

このような時代こそ、自分の仕事の本質を見抜くことが不可欠です。

　ハーバード・ビジネス・スクール名誉教授のセオドア・レビット（1925－2006）は、『Harvard Business Review July-August 1960』の中で

　米国で鉄道会社が衰退したのは、自分たちの仕事の意味を"お客様や物を運ぶ"ことと定義せず、"鉄道を運行すること"と考えたため、新たに台頭してきた自動車や航空機に置き換えられてしまったからだ

と指摘をしています。"鉄道"というものにとらわれ、"お客様や物を運ぶ"という本質を見失っていたというわけです。
　つまり、米国の鉄道事業の衰退の原因は、事業の本質のとらえ方に原因があるということです。事業の本質をとらえていれば、事業を見直すこともできたかもしれません。

　「本質を考えよう」と言われると、「難しそうだ」と感じてしまうかもしれませんが、そのように堅苦しく考える必要はありません。第2章で紹介したコピーライター、第4章で紹介した営業担当者や分析担当者の事例を思い出してください。彼らは、キャリアに悩む多くの人と同じように、自分の仕事について考えた結果として、仕事の本質にたどり着いたのです。

第5章　古いやり方にとらわれず前に進む力　〜本質を見抜く力〜　　147

- コピーライターの考える仕事の本質：商品の新しい価値を発掘する仕事
- 営業担当者の考える仕事の本質：お客様を成功させる仕事
- 分析担当者の考える仕事の本質：経営をサポートする仕事

　このように、この本で紹介した営業担当者、分析担当者は、各々の仕事の本質を理解できたことで、時代の変化に惑わされずキャリアを磨き続けることができています。

　仕事の本質を考える目的は、皆さん自身の役割を見出すためです。つまり、皆さんのキャリアを考える上では、**皆さんそれぞれの"仕事に対する本質"**があってもよいのです。例えば、あるベテラン営業担当者から聞いた話ですが、その方は、営業の仕事に関して次のように考えていました。

- ベテラン営業担当者の考える仕事の本質：会社を継続させる仕事

　少し抽象的な内容なので、補足をします。その方は、営業はお客様と自社の技術をつなぐ重要な役割を果たしていると考えています。会社を継続させるには、お客様が、自社の技術に対して常に満足することが必要で、その橋渡しをするのが営業だということです。
　営業担当者とベテラン営業担当者は、営業の本質に対して、それぞれに違う言葉で述べていますが、両者ともに筋が通った考えをもっていることは皆さんも納得していただけるかと思います。同じ営業という職種でも、会社やポジション、業界の慣習や担当者の特性によって、違うとらえ方があってもよいのです。

　仕事の生産性を高めるために、新しい技術を取り入れることは必要です。しかし、技術によって仕事を奪われる心配をする前に、

**　自分の仕事の本質を考えることが、将来への不安を解消するための近道です。**

5-2 数学脳の"本質を見抜く力"とは?

ここで紹介する**本質を見抜く力**は、本書のゴールである**統合する力**への橋渡しとなる重要なスキルです。

これまで説明してきた数学脳の**正確にとらえる力**、**思考の軸を作る力**、**視覚化する力**、**全体を俯瞰する力**は、**本質を見抜くためにある**と考えていただいてもよいでしょう。

ここで、これまで説明した数学脳について振り返ってみます。

正確にとらえる力

まず、私たちの思考を下の図のように、「思考の広さ」と「思考の深さ」に分けて考えます。左側の⓪は、思考する前の何もない状態です。そして、右側の①は、**第1章**で説明した**正確にとらえる力**の役割を表したものです。

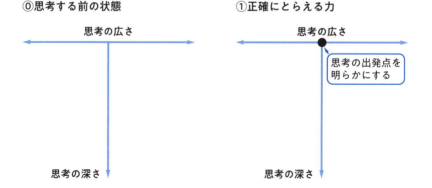

新しい仕事に就くときには、その仕事について全く分からない状態なので⓪の状態です。最初に先輩や前任者から説明を受け、分からないことを確認力を使って自分で調べます。一通り説明を受け、分からないことを調べたのち、仕事の内容を自分で考え、やるべきことを明らかにします。そのために使う力が、はっきり力です。

正確にとらえる力は、思考のスタートです。

思考の軸を作る力

　第2章では、思考を発展させるための思考の軸を作る力について説明しました。思考の軸を作る力を図で表すと次のようになります。

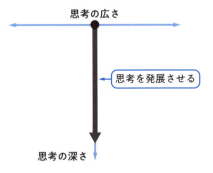

　また、第2章では、ビジネスにおいて"判断するための基準"をもつことの大切さを説明しました。実際に役立つ"判断するための基準"をもつためには、明確な"根拠"と"目的"が必要です。

　信頼できる"根拠"を見極めるには、事実力を用いて、憶測、意見、予測にまどわされずに、事実を追究することが必要です。しかし、いくら信頼できる"根拠"があったとしても、"目的"を導く思考に飛躍があると現実的な

"目的"をもつことはできません。筋道力は、誰もが納得できる説明ができる力です。**事実力があるから正しい議論の出発点を定めることができ、筋道力があるから議論を発展させることができるのです。**

思考の軸を作る力を仕事に使う事例としては、コピーライターが、自分の仕事を見直し、"コピーを書く仕事"から"商品の新しい価値を発掘する仕事"へとシフトした経緯を紹介しました。

視覚化する力

第3章で説明した**視覚化する力**は、描写力と気づき力に分けることができますが、この力は他の数学脳の働きをサポートする側面をもっています。

描写力を用いてイメージを描くことで、文章だけでは分かりにくい状況を改善することができます。また、図で確認することで、気づけなかったことに気づくことができます（気づき力）。

視覚化する力を仕事で用いる事例としては、中長期的な視野で考える上司と短期的な視野で考える部下のコミュニケーションのすれ違いを解決した例を紹介しました。言葉だけでは伝わらないことが、視覚化することで瞬時に分かるようになることを実感していただけたかと思います。

また、この本では、コピーライター、営業担当者、分析担当者の事例を視覚化して説明しました。皆さんも、**描写力を用いて仕事を整理することが気づき力を発揮させ、皆さんの価値を見出すことにつながる**ことを、ご理解いただけたかと思います。

全体を俯瞰する力

皆さんは、職場で様々な仕事を担当しているかと思います。その中には、配属以来ずっと続けている仕事もあれば、新たに追加された仕事もあるで

しょう。職場によっては退職者が出ても人員を補充せず、残っている人に仕事を振り分けるケースもあります。少子高齢化が進む現代は、多くの職場で個人が抱える仕事量が増えているのではないでしょうか。

このような時代においては、**全体を俯瞰する力**を用いて仕事を整理することが不可欠です。第4章で説明したように**全体を俯瞰する力**は、**関連付ける力**と**全体力**で構成されています。

全体を俯瞰する力の働きを図示すると次のようになります。**関連付ける力**は、各々のタスクの関係を見出す力です。この本では、営業担当者の事例を用いて、「"初回訪問"というタスクが、"提案"を成功させるためにある」という2つのタスクの関係性を明らかにしました。

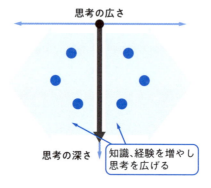

また、売り上げ分析の担当者の事例を用いて**全体力**について説明しました。上司、販促部門や店舗など他部門の仕事を含めた全体像を描き全体における自分の役割を問うことで、自分の仕事の意味に気づいたことを紹介しました。

本質を見抜く力

　それでは、この章のテーマである**本質を見抜く力**について説明します。

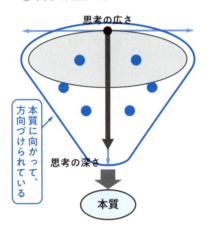

　本質を見抜く力は、以下のように2つの力で構成されます。

数学脳の"本質を見抜く力"

(1) 全体を振り返る力　　←以降、「振り返り力」と呼ぶ
(2) 一つに、しぼり込む力　←以降、「しぼり込み力」と呼ぶ

　皆さんも、自分の仕事の意味について考えることがあるかと思いますが、頭の中が整理できず堂々巡りに陥った経験はないでしょうか。**振り返り力**とは、「自分は何のために仕事をしているのだろうか？」と、原点に立ち戻り振り返る力です。この本では、**正確にとらえる力**、**思考の軸を作る力**、**視覚化する力**、**全体を俯瞰する力**の順で数学脳の解説をしてきましたが、次の 5-3 で説明するように、**振り返り力**とは、この思考過程の逆をたど

る思考です。

　しぼり込み力は、本質を1つにしぼり込む力です。しぼり込む際に重要なことは、取捨選択をすることではなく、**それ抜きにはその存在が考えられない大切なこと**を追究することです。

　例えば、営業の仕事の本質を考える際にも、

- 売り上げをつくること
- 利益をつくること
- お客様を成功させること
　　　　　　　⋮

など、重要なことが複数、浮かんでくるかと思います。

　第4章で紹介した営業担当者は、「お客様が成功するから、自社製品に価値を感じ、長期的な付き合いにつながる。その結果、売り上げがつくられ、なおかつ、価格競争に巻き込まれずに利益も上がる」と考え、売り上げや利益を生み出す軸になるものが、「**お客様を成功させること**」だと気づいたのです。売り上げ、利益、お客様の成功を天秤にかけ取捨選択したのではなく、この3つの要素の因果関係を見出し結論を導いたのです。

　この営業担当者は、売り上げや利益は「お客様を成功させること」という仕事の目的を達成するための目標であると考えているのです。本質に気づくことで、"初回訪問"、"提案"、"見積もり"、"クロージング"など個々のタスクの中身を見直し、成果に結びつけることができました。

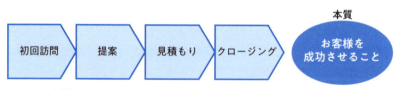

本質に気づくと、目的に向かってタスクを見直すことができる

5-3 数学脳の"本質を見抜く力"を磨こう!

皆さんは、三角形の面積の公式をすでに学んでいますので、ここで、問題を出します。次の三角形の面積を求めてください。

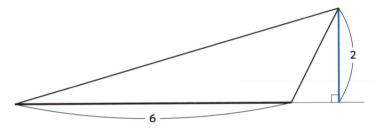

底辺の長さは6、高さが2ですから、「(底辺)×(高さ)÷2」という三角形の面積の公式にあてはめると、6×2÷2となり、計算すると6が答えであることが分かります。

続いて、質問です。

　　　三角形の面積の6という数字は、何を意味するのでしょうか？

数学の問題を解き続けていると、公式を用いて答えを出すことができるようになっても、その意味を見失うことがあります。

仕事においても、ルーティンワークを続けていると、その仕事の意味を考えることなく作業を続けてしまうことがあります。このような状況に陥ると、無駄な仕事を続けることにもなりかねません。

数学の問題を解くとき、あるいは、仕事をするとき、その意味を考えてみることも大切です。ここで、先ほど面積を計算した三角形をチョコレートだと考えてみましょう。

　下の図のように、このチョコレートと同じ形のチョコレートをもう1つ用意し、2つのチョコレートを合わせると平行四辺形になります。

この三角形をチョコレートだと考える。　　**同じ形のチョコレートを合わせると平行四辺形になる。**

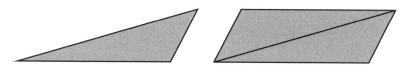

　この平行四辺形のチョコレートの底辺は6、高さは2です。そして、この平行四辺形のチョコレートは、下図の右側の図のように広さを変えずに、縦が2、横が6の長方形に変形することができます。

この平行四辺形のチョコレートは、　　**広さを変えずに、長方形にできる。**

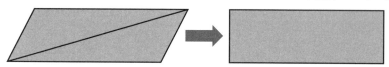

　縦が2、横が6の長方形のチョコレートは、「1辺が1の正方形」のチョコレート2×6＝12片分に相当します。

この長方形のチョコレートは、　　**"1辺が1の正方形"のチョコレート12片分。**

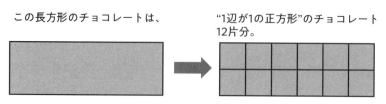

　もとの三角形のチョコレートは、平行四辺形や長方形の半分ですから、

三角形のチョコレートは、"1辺が1の正方形"のチョコレート12片の半分、つまり6片分に相当します。以上、三角形の面積から、面積の定義まで振り返りましたが、これが、**振り返り力**です。

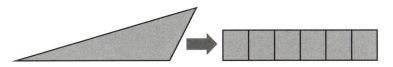

同様に、面積が6の三角形、平行四辺形、長方形のチョコレートもすべて、"1辺が1の正方形"のチョコレート6個分に相当します。

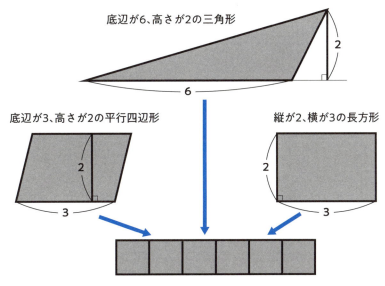

形が違っても、面積が同じチョコレートを食べれば、同じ量のチョコレートを食べたことになるのです。

これまで、長方形、平行四辺形、三角形の面積の公式を導いてきましたが、これらの面積の公式は、すべて、広さを"1辺が1の正方形"の個数で表すためのものなのです。

　このように考えると、**面積の本質とは、"広さ"を"1辺が1の正方形"の個数で表したもの**であることが分かり、「面積を求めるとは何か？」の答えを一つにしぼり込むことができました。これが**しぼり込み力**です。

　小学生のころ、面積の公式を覚えることに苦労された方もいるかと思いますが、本質を理解すると、

すべての面積の公式が、シンプルな考えで貫かれている

ことが分かります。

5 - 4

本質を見抜き、
新しいキャリアを切り開く

　自分のキャリアにおいて本当に必要なことを見極められるようになると、不安や迷いを払拭することができます。第4章で紹介した売り上げの分析担当者は、以前は、漠然とした不安や焦りを抱えていました。

　データサイエンティストという職業が、以前から注目されています。一般的に、データサイエンティストは統計学のプロであると考えられています。しかし、この分析担当者は、学生時代を含め統計学を学んだ経験がありません。分析という仕事を続ける以上、早く統計学を勉強しなければならないと思いつつも何から始めればよいか分からず、焦るばかりで進展がありませんでした。

　しかし、上司、販促部門や店舗から求められていることを追究すると、必要なことは「現実に即した経営判断をするための判断材料」を提供することだと分かりました。その結果、この分析担当者がたどり着いた答えは、「自分の仕事の意義は、経営をサポートすることにある」ということです。つまり、会社から求められているのは、

高度な統計学を使った分析ではなく、経営に役立つ分析

だということに気づいたのです。それ以来、統計学を学ばなければ生き残れないという恐怖心から抜け出すことができました。

　仕事の本質を考えた末に、この分析担当者は、新たに二つのことを始めました。「店舗の現場に行くこと」、「同僚の他に、販促部門や店舗など他部

第5章　古いやり方にとらわれず前に進む力　～本質を見抜く力～　　159

門の社員とコミュニケーションを深めること」です。

「新しいことにチャレンジする」というと、一般的には、AIなどの新しい技術を身につけること、最新のビジネストレンドを学ぶことがイメージされるかと思います。

　しかし、この分析担当者は、現場に足を運ぶ、コミュニケーションを深めるなど、「昔から言い古されていること」に新たに取り組み、キャリアを切り開くことができたのです。そして、統計学については、焦らず基本から取り組めばよいと分かり、自分のペースで勉強を続けています。

行動し、 自分の頭で考えることによって本質が見えてくる

　分析担当者に限らず、この本で紹介したコピーライターや営業担当者も、行動し、自分の頭で考えることによって、自分にとっての仕事の本質にたどり着くことができました。自分にとっての本質は、インターネットをいくら検索してもたどり着くことができません。

　改めて強調しておきたいことは、数学脳は、「行動し、自分の頭で考えること」をサポートするものだということです。

　第5章では、数学脳の正確にとらえる力、思考の軸を作る力、視覚化する力、全体を俯瞰する力を振り返り、本質を見抜く力を解説してきました。数学脳を使うことによって、思考が深まり、広がり、それらを体系的に理解することができるのです。

　次のページに、改めて、その様子を図解して示します。

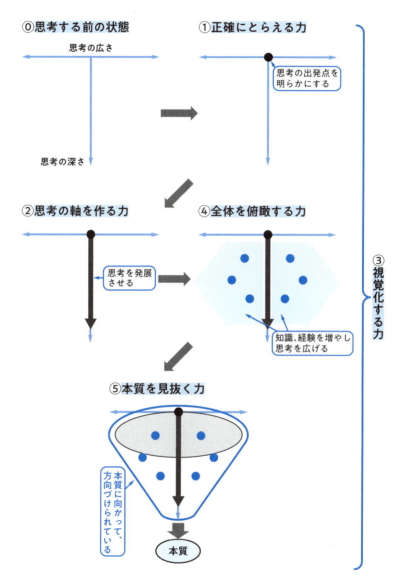

数学脳の全体像(統合する力を除く)

第5章 古いやり方にとらわれず前に進む力 〜本質を見抜く力〜

第 6 章

過去の経験を
未来につなげる力

～統合する力～

6 - 1
激動する時代に対処する 2つの力とは?

　第5章では**本質を見抜く力**について説明しました。仕事の本質を見抜くことで働く目的が明確になり、「自分の価値を高めるために何をすべきか」を理解できるようになります。しかし、これで将来安泰というわけではありません。

　ビジネス環境は変化を続け、予期せぬことが発生することさえあります。

　こうした時代を生き抜くには、**本質を見据えながら、変化に柔軟に対応できる力**が必要です。そのためのスキルが、数学脳の**統合する力**です。

　数学脳の**統合する力**は、次の2つの力で構成されています。

数学脳の"統合する力"

(1) 本質を変えずに、新しいものを取り入れる力
　　　　　　　　　　←以降、「**取り入れ力**」と呼ぶ
(2) 本質そのものを見直す力　←以降、「**見直し力**」と呼ぶ

　以下において、数学脳の**統合する力**について、取り入れ力、見直し力の順番で解説していきます。

取り入れ力

　取り入れ力とは、新しいものを、**既存の仕組みの中に組み込む能力**です。

その方法は、次の2通りのパターンに分けられます。

① 新しいものを追加する
② 古いものを置き換える

この2つのパターンの違いを図説すると、次の図のようになります。

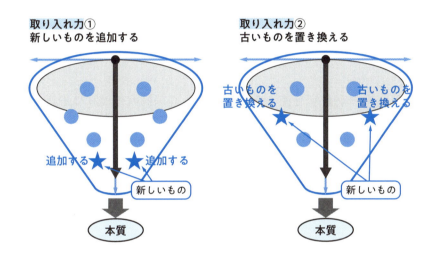

2つの見た目は違いますが、両者ともに**"本質"を軸としている**ことが共通しています。新しいものを追加する場合も、古いものを新しいものに置き換える場合も、**"本質"はブレない**ということです。

第4章では、売り上げ分析の担当者の仕事について紹介しました。この分析担当者は、上司と相談の上、3つの決断をしています。

- **決断1**：難しい統計学を使った分析は、現時点では不要
- **決断2**：現場の情報を収集する仕事を、新たに加える
- **決断3**：AIは、仕事を効率化できる場合に導入する

すでに、説明したとおり、この分析担当者の仕事の"本質"は、「経営をサポートする仕事」です。この3つの決断は、経営をサポートする上で、プラスになるかどうかを軸に考え、決定されています。

① 「新しいものを取り入れるべきか？」についての検討
　統計学に関する決断については、第5章で説明したとおり、データサイエンティストとして活躍するには不可欠なものだという風潮があります。一般的に考えれば、最新のトレンドには従うべきです。

　しかし、上司や同僚が求めていることは、第5章で紹介したように、

高度な統計学を使った分析ではなく、経営に役立つ分析

でした。関係者は、自分たちが実施した具体的な施策の成果を定量的に検証し、ビジネスを改善することに役立てることができるレポートを必要としていました。

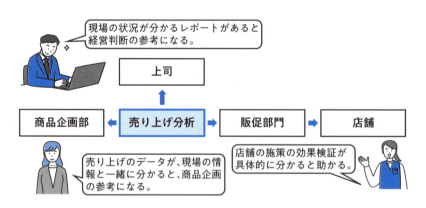

　その結果、分析に必要なのはビジネスの現状を正しく伝えることであり、「現時点では、高度な統計学は取り入れない」、「現場の情報収集は取り入れる」と決断するに至ったわけです。

② 「古いものを置き換えるべきか？」についての検討

　この分析担当者は、AIのことを危惧していないわけではありません。AIの専門家ではないので、AIが今後どのように進化していくのか分からないからです。

　しかし、近い将来に、AIに「経営をサポートする仕事」ができるようになるとは思っていません。AIが、上司や販促部門、店舗のメンバーとコミュニケーションし、彼らに適切な情報を伝えることができるとは思えないからです。もし、そうしたことが可能な技術が登場しても、その技術を会社が導入するには、ハードルが高いと考えています。

　上司、販促部門や店舗のスタッフがAIを使い自分で分析することはありうるかもしれませんが、数字を分析し的確な分析結果を導き出すには経験をもとに筋道立てて仮説を考える力が必要です。誰もができる仕事ではなく経験が必要です。

　しかし、数字の集計やグラフ作成などの業務をAIがサポートしてくれるのであれば、大歓迎だと思っています。空いた時間を、現場の市場分析や経営課題を考えるために使いたいからです。その意味では、単純な集計やグラフ作成の業務に関しては自分が担当するのではなく、その仕事はAIに任せるほうがよいと考え実践しています。

　この分析担当者のように、現在の自分の仕事の全体像や本質を明確に理解していると、AIなどの新しい脅威が登場しても冷静に対処することができるようになります。

　以上のように、取り入れ力とは、本質を軸に考え、新しいものを全体の中に組み込む力なのです。

第6章　過去の経験を未来につなげる力　〜統合する力〜　**167**

見直し力

続いて、見直し力について説明します。皆さんはこれまでに、考え方を根底から見直さなければならないような経験をしたことはないでしょうか？

第4章で紹介した営業担当者も、現在のように活躍できるようになるまでに大きな試練を乗り越えてきました。

以前は、「営業として、押しが強くなければならない」と考えていたことがありました。売り上げを増やすには、多少、強引なところも必要であると思ったからです。当時は、売り上げを上げることが最優先だと考えていました。会社から求められるノルマを達成するために必死だったからです。

しかし、長期に渡って信頼関係を築けている顧客はなく、売り上げを作るために常に必死で働いていました。「ずっと、このまま無理をして働かなければならないのか」と悩んでいました。

こうした苦難の時期を経て、この営業担当者は、自分が顧客と長期的な信頼関係を築くための行動ができていないことに気づきました。先輩の営業活動に同行し、自分に何が足りないのかを真剣に考え、仕事の進め方を見直し、改善を続けたことで、顧客からの信頼を得ることができるようになりました。

当時を振り返ると、その頃は、営業としての経験が浅く、視野も狭かったと感じています。

この当時、営業担当者が考えていた仕事の**本質**は、

売り上げを上げること

でした。当時の経験値をふまえると、この仕事の**本質**のとらえ方は、間違

っていたわけではありません。この営業担当者が、当時の経験値の中で可能な範囲で導き出した答えだからです。

　苦難の時を経て、この営業担当者は、「お客様がいるからこそ、売り上げが作れるのだ」ということに気づき、営業という仕事の**本質**について理解を深めることができました。

　以前よりも、進化した仕事の**本質**を見出すことができたのです。それが、

お客様を成功させる仕事

です。昔と今の違いを整理すると下の図のようになります。

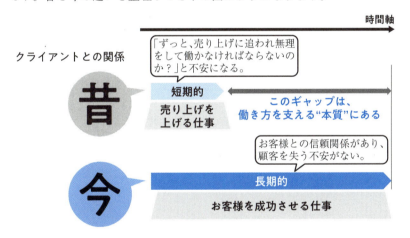

「ずっと、売り上げに追われ、無理をして働かなければならないのか？」と不安になっていた過去と「顧客との信頼関係があり、顧客を失う不安がない」現在との違いは、仕事の**本質**のとらえ方の違いにあります。
　この営業担当者は、**新たに気づいた"本質"**を軸に、仕事のやり方を見直し、成果を上げるための営業スキルを身につけていったのです。

第6章　過去の経験を未来につなげる力　〜統合する力〜

現在の営業担当者の仕事の"本質"は、下の図のように、以前の仕事の"本質"から進化しているのです。

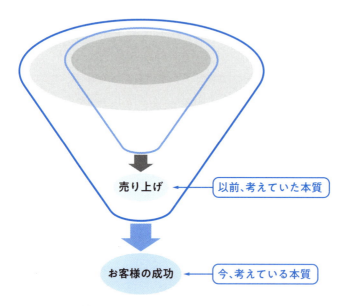

営業という仕事に対する"本質"の進化

　このように、それまでの働き方では通用しないことを経験したときに、それまでの"本質"を見直し、さらに深い"本質"を見出す力が、数学脳の見直し力です。

　仕事に限らず、自分が正しいと思っていたことが通用しない経験をしたとき、考えることを止めてしまうか、「自分の考え方は正しかったのか？」と過去を振り返れるかで、その先の未来に大きな違いが生じてきます。

　"正しいと思っていたことが通用しない経験"は、自分が気づいていない世界があることを教えてくれるものです。

スポーツでも、強豪チームと戦い、全く歯が立たなかったという経験をしたとき、そこであきらめてしまうか、強豪チームとの戦いで気づいたことを見直すかで、その後のスポーツ人生は大きく変わります（あきらめて違う道に進むのが悪いという意味ではありません）。

このような経験がなければ、「今のままで十分だ」と慢心してしまい、自分の殻を破ることができません。挫折は、将来の飛躍のために必要な経験なのです。

見直し力は、将来に向けて飛躍するために欠かせないスキルです。

6-2
本質を変えずに、新しいものを取り入れる方法

数学脳の**統合する力**の**取り入れ力**については 6-1 で紹介しましたが、実はこの**取り入れ力**については、皆さんも、第2章以降で、すでに体験しています。簡単に振り返ってみましょう。

第5章では、**面積の「本質」とは、「広さ」を"1辺が1の正方形"の個数で表したもの**であることを、皆さんと一緒に確かめました。

第2章の平行四辺形、第4章の三角形の面積も、この"本質"からブレず"1辺が1の正方形"の個数で表すことができます。

面積を考えてきた過程を振り返ると、第1章で、「長方形の面積が、"1辺が1の正方形"の個数を数えること」で求められることを説明しました。

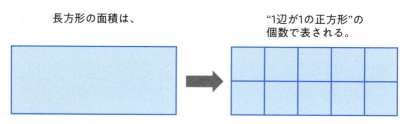

第2章では、次のように、平行四辺形の面積を「同じ"広さ"の長方形に置き換えること」で求めることができることを説明しました。

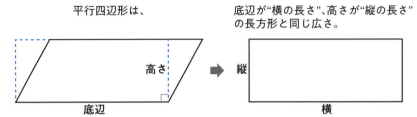

　皆さんは、第2章の内容を学んだことで、平行四辺形を長方形に関連付けて考え「平行四辺形の面積を、"本質"からブレることなく求める」ことができるようになったのです。
　同様に、第4章では、「三角形の面積を、平行四辺形に関連付けること」で、求めることができるようになりました。

　つまり、私たちは、長方形、平行四辺形、三角形の面積の公式を導くときに、広さを**"1辺が1の正方形"の個数で表すことができるという面積の"本質"に合っているか**を、常に、確かめながら議論を進めてきたということです。この流れを図示すると下の図のようになります。

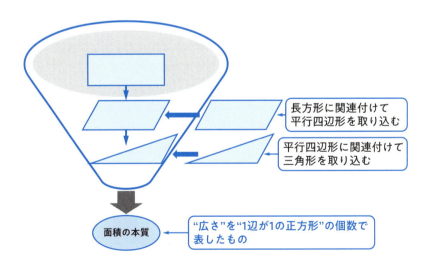

第6章　過去の経験を未来につなげる力　〜統合する力〜　　**173**

本質を変えずに、新しいものを取り入れる基本が身についていないと、何も始まらない

ここで、次のような疑問を抱く方もいるかもしれません。

平行四辺形、三角形の面積を求めた時点では、面積の"本質"は、まだ分かっていなかったのではないか？

第1章で、長方形の面積を説明するとき、"1辺が1の正方形"の個数を数えることで"広さ"を表すことが面積の"定義"であると説明しました。平行四辺形、三角形の面積も、この定義に基づいて導かれています。しかし、実際この"定義"が面積の"本質"でもあることを認識できたのは、第5章で面積について振り返ったときです。このように、学び始めた初期の頃から本質を理解することはできません。

仕事においても同じです。ある程度の経験を積まなければ、仕事を振り返ることができません。営業担当者の事例では、仕事に対する"本質"のとらえ方は、経験と共に変化していきました。

十分な業務経験が備わっていない段階で取り入れ力を使う場合は、仕事の"本質"を見出すことにこだわる必要はありません。

一件も受注することができていない新人の営業が、「営業の仕事の本質は、そもそも何だ？」と考えても答えにはたどり着けません。仮に、何かしらの答えを導くことができたとしても、実際の経験が伴っていない考えは、現実に役立てることはできず机上の空論となってしまいます。

これは、他の仕事においても同じです。もし、皆さんが、販促部門に配属された新人から、「コピーを書く仕事は生成AIに置き換えられるから、コピーを書く仕事を覚えるよりも、販促とは何かを議論するほうが重要なのではないでしょうか？」と相談されたとしたら、

「仕事を覚える前から、そんな心配をしなくてもいいんじゃない？」

と答えるのではないでしょうか。

新人に限らず、新しい部署に異動したばかりの方、他業界に転職した方にとっては、知らないことを学び、新しいスキルを身につけることは、仕事をする上での大前提です。

AIに仕事が置き換えられる心配をする前に、自分の仕事の基礎を固めることが先決です。

数学脳は、皆さんのビジネス経験と併走するものです。仕事の基本を大切にし、実際に行動をしながら、数学脳を活用することが重要です。この本で紹介したコピーライター、営業担当者や分析担当者が、クリエイティブに活躍できるようになったのは、そうしたことを実践してきたからです。

仕事を始めたばかりの方は、第1章の正確にとらえる力から順番に、第2章の思考の軸を作る力、第3章の視覚化する力、第4章の全体を俯瞰する力、第5章の本質を見抜く力と数学脳を活用し、キャリアを深めていくとよいかと思います。

そうすることで、仕事への理解が深まり、視野も広がり、皆さん自身の仕事の"本質"が分かり、AIなどの新しいものに出会ったときにも、"本質"をブレさせずに、自分の仕事に統合できる力が備わっていきます。

ビジネスの実践経験				
正確にとらえる力	思考の軸を作る力	全体を俯瞰する力	本質を見抜く力	統合する力
第1章	第2章	第4章	第5章	

6-3
本質を見直すことで、新しい世界が開ける

「面積を"1辺が1の正方形"の個数で表す」というと、一般的に、"1辺が1の正方形"の個数を、1、2、3、4、……、と数えることをイメージするかと思います。

しかし、小学校では、0、1、2、3、……、という整数以外に、**分数**や**小数**について学びます。

辺の長さが**分数**や**小数**で表される図形の面積を、"1辺が1の正方形"の個数で表すことはできるのでしょうか？

実際、1辺が $\frac{1}{10}$（小数で表すと0.1）の正方形の面積を考えてみましょう。下図を見ると、「1辺が $\frac{1}{10}$ の正方形の面積を、"1辺が1の正方形"の数で表すことは、不可能なのではないか？」と思うのではないでしょうか。

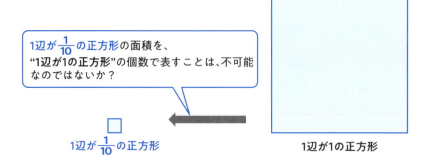

1辺が $\frac{1}{10}$ の正方形の面積を、"1辺が1の正方形"の個数で表すことは、不可能なのではないか？

1辺が $\frac{1}{10}$ の正方形　　　　1辺が1の正方形

1辺が $\frac{1}{10}$ の正方形は、"1辺が1の正方形"よりも小さいので、"1辺が1の正方形"の個数を、1、2、3、……、と数えることによって、1辺が $\frac{1}{10}$ の正方形の面積を求めることはできません。

　このように考えると、「"1辺が1の正方形"の個数を数えるという、面積の"**本質**"を見直さなければならないのか？」と感じるかもしれません。

　しかし、"**本質**"を見直さなければならないような事態に遭遇したときは、視野を広げるためのチャンスです。落ち着いて考えていきましょう。

　まずは、「**分数とは何か？**」を考えることから始めたいと思います。

　あるものを、等しい大きさで10個に分けることを、10等分するといいます。例えば、"1辺が1の正方形"は、下の図のように10等分することができます。

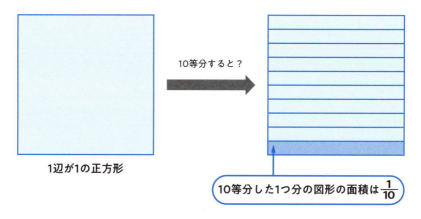

　ここでは、正方形の**縦の長さ**を、10等分しています。10等分することによってできた、一つの図形(濃い青色)は長方形になります。

もとの大きさを10等分したものの"1個分の大きさ"を、$\frac{1}{10}$ と表記します。"1辺が1の正方形"の面積は1ですから、これを10等分してできた長方形の面積は $\frac{1}{10}$ となります。

この長方形の縦の長さは、1を10等分したものだから $\frac{1}{10}$、横の長さは1です。

さらに、"1辺が1の正方形"の"横の長さ"を10等分すると、下の図のようになります。

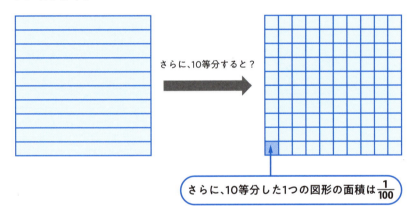

上の右側の図は、"1辺が1の正方形"を10等分したものを、さらに、10等分しているので、分割された図形1個分の面積は、"1辺が1の正方形"を100等分した大きさになります。この図形の面積は $\frac{1}{100}$ です。

この図形の縦の長さは $\frac{1}{10}$、横の長さも $\frac{1}{10}$ です。

この図形は、縦の長さと、横の長さが等しいので、1辺が $\frac{1}{10}$ の正方形です。

　以上から、1辺が $\frac{1}{10}$ の正方形の面積は、$\frac{1}{100}$ であることが分かりました。

面積は、どうやって計算するのか？

　第1章では、長方形の面積が、(縦の長さ)×(横の長さ)という公式で求められることを説明しました。

　以下において、「辺の長さが分数や小数になっても、同じ公式で面積を求められるか？」ということを検証していきたいと思います。

　下の青色の図形は、縦の長さが $\frac{3}{10}$、横の長さが $\frac{7}{10}$ の長方形です。

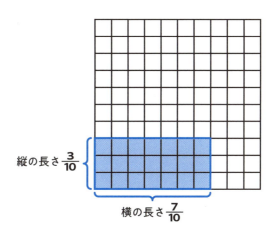

長方形の面積の公式にあてはめると、

$$\frac{3}{10} \times \frac{7}{10} = \frac{21}{100}$$

となります。分数のかけ算は、以下のように、分母どうし、分子どうしを、それぞれかけ合わせましたよね。

$$\frac{3}{10} \overset{\text{かける}}{\underset{\text{かける}}{\times}} \frac{7}{10} = \frac{21}{100}$$

$\frac{3}{10}$ と $\frac{7}{10}$ の分母・分子を、それぞれかけ合わせることで、$\frac{21}{100}$ という答えを導くことができます。

　一方、この長方形は、次のページの図のように "面積が $\frac{1}{100}$ の正方形" が、縦に3個積み上がったものが、横に7列並んで構成されています。つまり、"面積が $\frac{1}{100}$ の正方形" が3×7 = 21個あるので、この長方形の面積は、$\frac{21}{100}$ であることが分かります。

この結果は、長方形の面積の公式を用いて計算した結果と同じです。

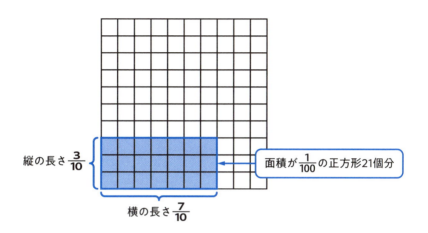

なぜ、2つの結果が同じになるのでしょうか?

その理由は、面積の公式を用いた計算の、分母どうしのかけ算、分子どうしのかけ算に、それぞれ着目すると分かります。

分母どうしのかけ算10×10は、次のページの左の図のように、**"1辺が1の正方形"を10×10＝100等分すること**を意味しています。100等分されてできた正方形1つの面積は $\frac{1}{100}$ になります。

そして、分子どうしのかけ算、3×7は、**面積が $\frac{1}{100}$ の正方形が何個あるか**を表しています。ここでは、縦に3個積み上がったものが、横に7列並んでいるので、3×7＝21個あることが分かります。

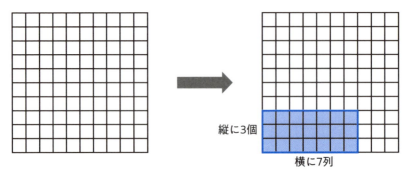

縦に3個
横に7列

$\frac{3}{10} \times \frac{7}{10}$ とは何かを簡単に言うと、「"1辺が1の正方形"を100等分したもの」の数が21個だということを計算しているのです。

面積の公式を用いた計算　$\frac{3}{10} \times \frac{7}{10} = \frac{21}{100}$

分母どうしのかけ算10×10は、"1辺が1の正方形"を100等分するという意味

分子どうしのかけ算3×7は、面積が$\frac{1}{100}$の正方形の個数を数えている

ちなみに、$\frac{3}{10}$ を小数で表すと0.3、$\frac{7}{10}$ は0.7です。小数を用いて面積を計算すると、以下のようになります。

$$0.3 \times 0.7 = 0.21$$

面積の"本質"が、"広さ"を"1辺が1の正方形"の個数で表したものであるということ自体に変わりはありません。ただ、第5章までは、図形の辺の長さを整数に限っていましたが、第6章を通じて、分数や小数も含めることができるようになったのです。

6-3（176ページ）の冒頭では、辺の長さが、分数や小数で表される図形の登場によって、"広さ"を"1辺が1の正方形"の個数で表したものという面積の"本質"が通用しなくなることを危惧していました。

しかし、皆さんは、分数や小数の概念を理解し、受け入れることで、"1辺が1の正方形"よりも小さい図形の面積を求めることができるようになりました。

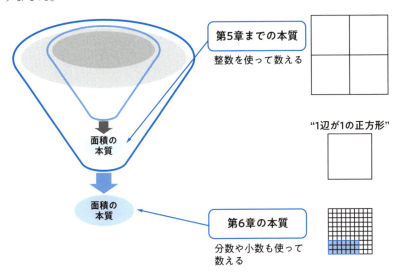

　このように、それまでの考え方が通用しない壁に直面したとき、数学脳の見直し力を使うことで、視野を広げ、より進化した考え方をすることができるようになるのです。

6-4 数学脳の"統合する力"で過去と未来をつなげる

　時代の変化が目まぐるしい今日の職場において、世代間のギャップが際立つようになってきています。
　若手社員の中には、「上司や先輩は、変わろうとしない」と感じている方もいるでしょうし、一方で、ベテラン社員の中には「若い人からやる気が感じられない」と思う方もいるでしょう。

　しかし、本当に、上司や先輩には危機感がないのでしょうか？　あるいは、若手社員は仕事をしたくないと心から思っているのでしょうか？

　ここで、ベテラン社員と若手社員の立ち位置の違いを確認しましょう。

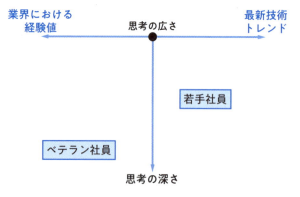

　上の図は、数学脳の説明に使った図をもとに、ベテラン社員と若手社員の思考を、広さと深さの観点で整理したものです。個人差があるので一概には言えませんが、一般的に、若手社員は最新技術やトレンドに通じている一方で、業界における経験値の広がりや思考の深さにおいてはベテラン

社員に軍配が上がります。
　第一線で苦労しながら働いてきたベテラン社員は、当たり前にビジネスができることがいかに貴重であるかを理解しています。若手社員から見ると古いと感じられる"現状"も、昔からの顧客や取引先に支えられて成り立っていることを理解しています。変わらなければならないことを分かっていても、変えることの難しさも実感しているのです。

　最新技術やトレンドに明るい若手社員、ビジネス経験があるベテラン社員、それぞれ会社にとって必要な強みをもっています。しかし、両者を上手く活かすことができないのは、なぜでしょうか？

　その根本的な原因は、ベテラン社員と若手社員を束ねるための、ビジネスの"本質"が、組織として明確でないからではないでしょうか。

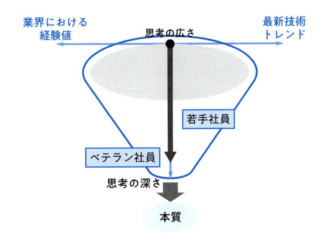

　会社の事業が何のためにあるのか、そして、事業の目的が何なのかが、社員に対して、具体的に示されていないのです。

企業が未来に向けて発展を続けるためには、ベテラン社員の経験値が、若手社員に引き継がれ、必要に応じて新しいことを取り入れ、変化していくことが必要です。

　そのために必要なことは、ビジネスの"本質"を見極め、事業の明確な目的をもつことです。ビジネスの"本質"を知ることが、数学脳の統合する力を使って未来を切り開くための土台になるからです。

　第5章で説明したように、数学脳の本質を見抜く力は、正確にとらえる力、思考の軸を作る力、視覚化する力、全体を俯瞰する力によって支えられています。数学脳を総動員し、皆さんの仕事、ビジネスを未来につないでほしいと思います。

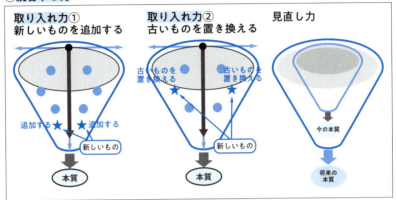

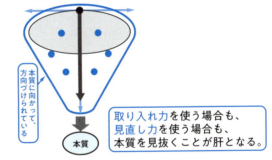

第6章　過去の経験を未来につなげる力　〜統合する力〜

終　章

数学脳を使うと、人間がやるべきことが見えてくる

7-1 数学脳を使うと、思考が豊かになる

　第6章までを読み終えて、皆さんは、下の図のように思考を深め、広げる方法を学びました。この数学脳の6つの力は、皆さんが自分の頭で考え、将来を切り開くための武器となります。

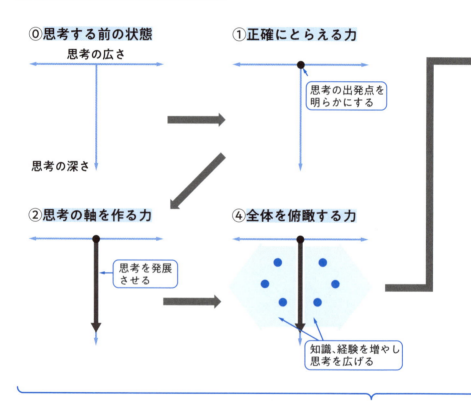

この本では、コピーライター、営業担当者、分析担当者が、苦境を乗り越えて活躍している事例を紹介してきました。
　ここに示す数学脳の全体像は、皆さんが仕事の意味や価値を見出し、AIと共存する時代に活躍するためのガイドラインです。各章で紹介した事例を思い出しながらこの図を眺めていただくと、皆さんが今後どのように進化していくのか具体的にイメージできるかと思います。

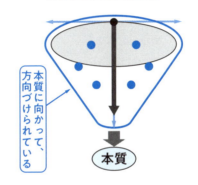

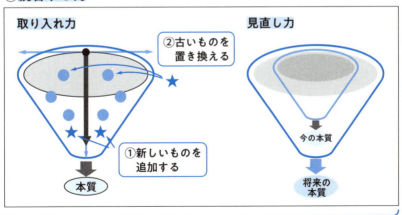

終章　数学脳を使うと、人間がやるべきことが見えてくる　　191

第1章〜第6章の各章では、小学校で習う図形の面積や計算のルールを題材に用いて、数学脳の6つの力を活用する事例を紹介してきました。

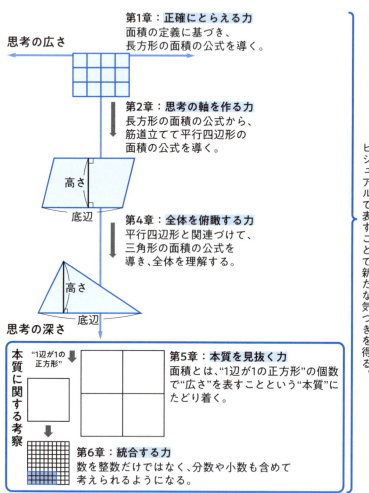

この図を振り返っていただくと、皆さんは、深く、広く考え、大切なものを見極め、新しいことに向き合う思考力が身についたことを、改めて、実感していただけるかと思います。

そして、数学脳の6つの力には、それぞれ、2つの細分化された力がありました。

正確にとらえる力	思考の軸を作る力	視覚化する力	全体を俯瞰する力	本質を見抜く力	統合する力
確認力	事実力	描写力	関連付ける力	振り返り力	取り入れ力
はっきり力	筋道力	気づき力	全体力	しぼり込み力	見直し力

第6章まで学んでいただくと、

数学脳は壮大だな。

と感じる方もいるかもしれません。しかし、大切なことは、初めの第一歩を踏み出すことです。例えば、第1章の**正確にとらえる力**の確認力を使うだけでも思考回路は働き始めます。

数学脳を使うと、何の変哲もなくつまらないと感じている日常の中に、面白さを見出すことができるようになります。

私たちは、「そんなこと知っているよ！」と思うことで、多くのことに目を閉ざしています。

例えば、"円"という図形を知らない方はいないと思いますが、"円"とは何かを問われて明確に答えられるでしょうか？

- 丸い形をした図形
- ドーナツのような形をしたもの
          ⋮

ここで、確認力を使って、「円」とは何かを確認してみましょう。

> 1つの点から長さが同じになるようにかいたまるい形を、円といいます。
> その真ん中の点を、円の中心、中心から円のまわりまでひいた直線を、半径といいます。
> 1つの円では、半径はみんな同じ長さです。
> （『新しい算数3上 考えるっておもしろい！』 p.123、東京書籍）

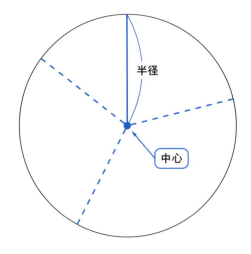

皆さんも、下の図のように、コンパスを用いて、円を描いた経験があるかと思います。

　コンパスを使うことで、中心からの距離が等しい曲線を描くことができ、それが円になるのです。
　円というと、丸い形のほうが注目されがちです。しかし、丸い形であることが重要なのではなく、定義にあるように「中心からの距離が等しい点の集まり」というのが円という図形の大事な特徴です。

　例えば、馬車の車輪には、円という図形の大事な特徴が応用されています。もし、馬車の車輪が、中心から接地面までの長さが一定でなければ、荷台を同じ高さに保つことができず、安定して走ることはできません。「円周上の点は、すべて中心からの距離が等しい」という円の本質は、現代の自動車の技術にも活かされています。

　このような説明を読むと当たり前のことに思えるかもしれませんが、このように技術の背景を、普段から意識しているでしょうか？

　円の特徴は、滑車や歯車、レンズなどの他の技術にも活かされています。

現代人は、完成された製品に囲まれて生活し、それが当たり前になっています。しかし、「なぜ？」と興味をもつことで、無機質に見える製品も、創意工夫の賜物であることに気づくことができます。関心をもち、考えることで、思考が豊かになるのです。

　数学脳の1つ目の**正確にとらえる力**の確認力を使うだけでも、思考はスタートするのです。大切なことは、誰かに言われたからではなく、皆さんが、主体的に辞書で言葉の定義を確認してみることです。調べただけでは、意味が分からないこともあります。そうしたときには、次のステップとして**正確にとらえる力**のはっきり力を使ってみます。

　こうした小さなことを積み上げることで頭が活性化し、主体性を取り戻していくことができるのです。

7 - 2
AIにはできないクリエイティブな仕事があることに気づこう！

　この本をここまで読み進めていただくことで、皆さんも、数学脳は、単なる知識やテクニックではないことはご理解いただけたと思います。

　数学脳は、社会やビジネスなど世の中を読み解くための力です。

　皆さん、ご存じのとおり、社会には解決されていない問題が山積みされています。

- 幸福度を上げるには、どうすればよいか？
- 環境問題を解決するには、どうすればよいか？
- 地方の過疎化を解決するには、どうすればよいか？
　　　　　　　⋮

　より身近な例でいえば、皆さんの社内においても、手がつけられていない問題が多く残されているのではないでしょうか？

- 会社の将来の方向性が見えない
- 新しい技術を開発できない
- お客様のニーズが読めていない
- 離職者が多い
- チームワークがよくない
- 社員のモチベーションが上がらない
　　　　　　⋮

終章　数学脳を使うと、人間がやるべきことが見えてくる　　**197**

これらの課題は、果たして、AIで解決できるのでしょうか？

　AIに仕事が奪われるという心配がある一方で、私たちには、取り組まなければならないことがたくさんあるのです。社会問題を解決することは、ハードルが高いかもしれませんが、社内の問題は、若手社員も含めて皆さんが行動すれば解決することができます。

　私たちが社会で生活し、職場で働く以上、解決すべき問題は生じます。よりよい社会、よりよい会社を築くために、解決すべき問題は尽きることがないのです。AIに仕事を奪われるという心配の根本的な原因は、こうしたことが見えていないことにあるのではないでしょうか？

　「AIによって今の仕事がなくなる」という心配にとらわれていると、時間だけが無駄に過ぎていきます。やるべきことにあふれている現実に目を向けなければならないのです。

技術とは、誰が開発したものなのか？

　これまでも、人間の仕事を奪うことを危惧されてきた"技術"ですが、

　　　そもそも、技術とは、誰が開発したものでしょうか？

　それは、人間です。序章では、数学が自然科学を支え、自然科学が技術を支えていることを説明しました。高校で物理を学んだ方は、レンズや滑車について勉強した記憶があるかと思います。

　物理に関しては、分かりやすく解説している本もあります。数学脳を学んだ皆さんは、そうした本で学ぶことで、カメラの原理などの技術的なことを理解できる力が身についています。専門外の人が、最先端で活躍している技術者のようになることは難しいですが、今の時代、努力次第で誰も

が、ある程度理解することができるようになります。

AIを恐れず、 クリエイティブな人を目指そう!

　努力次第で何とかなるということは、AIの分野にもあてはまります。現時点でAIを仕事で使う必要がない場合は、焦らず、「仕事で必要になったときに学べばよい」と考えておけばよいのです。努力次第で、基本的な原理は分かるからです。

**　　AIに仕事を奪われる心配をするよりも、早く、主体性を取り戻し、人間がやるべきことに気づいて、行動することが大切です。**

　AIが発展していく今こそ、数学脳を使って考え、自分なりのクリエイティブな働き方をしていくことが求められているのです。

　この本で紹介した、コピーライター、営業担当者、分析担当者は、クリエイティブな仕事をしています。
　コピーライターは、お客様の商品に、新しい価値を生み出しています。営業担当者は、お客様を成功に導くため、お客様の課題を解決する方法を考えています。分析担当者は、上司が改善策を考えること、商品企画部の同僚が新しい商品を開発すること、販促部門や店舗が売り上げを伸ばすことに役立つ情報を、自分なりに考え、オリジナルの分析方法を確立し、経営をサポートしています。

　皆さんにも、数学脳で、社会やビジネスを読み解き、皆さん自身がクリエイティブに活躍できるテーマを見出してほしいと思います。

7 - 3

数学脳を
自分の仕事に使ってみよう！

　数学脳の6つの力は、どれも大切なスキルですが、全てを完璧にしようとすると、難しく考えすぎて行動に移すことができない状況に陥ることもあります。気軽に始めてみることも、必要です。

「数学脳を試しに使ってみよう！」と思った方に、おすすめのスキルが3つあります。それは、

● **正確にとらえる力**：確認力
● **全体を俯瞰する力**：関連付ける力
● **本質を見抜く力**：振り返り力

の3つの力です。

正確にとらえる力	思考の軸を作る力	視覚化する力	全体を俯瞰する力	本質を見抜く力	統合する力
確認力	事実力	描写力	関連付ける力	振り返り力	取り入れ力
はっきり力	筋道力	気づき力	全体力	しぼり込み力	見直し力

確　認　力

　特に、新しい仕事を始めたばかりの人には、確認力が役に立ちます。第4章で登場した売り上げ分析の担当者は、分析を始めたばかりの頃、分析について調べた結果、

200

「分析とは、分けて理解することだ。」

と理解できたことが、仕事に役立ったと話しています。ちなみに、辞書で意味を調べると、同じようなことが説明されています。

> **分析**
> ものごとを、細かく分けて、成り立ちなどを調べること。
> （『三省堂例解小学国語辞典 第七版』 三省堂）

　分析担当者はこの定義を知ることで、分析という仕事に早く馴染むことができました。例えば、売り上げを分析する際に、全店舗の売り上げをまとめて集計するのではなく、売り上げが伸びた店舗、横ばいの店舗、下がった店舗に分類することにより、売り上げの増減の要因を特定しやすくなりました。

　その他、成長している商品と、売り上げが落ちている商品に分けてみることで、トレンドの変化を特定できるようにもなりました。
　同様のことが、販促施策にも言えます。成功した施策と失敗した施策に分けることで、「社員が斬新だと思っている施策よりも、分かりやすい告知をしているキャンペーンのほうが成果がアップする」ことが分かりました。

　売り上げの減少を食い止めるには、売り上げが落ちた要因を特定することが重要ですが、この分析担当者は、「原因が分かるまで、課題を分解する力」が、そのカギになると考えています。
　仕事を始めたころに、「分析とは、分けて理解すること」だと分かったことが、その後の仕事の在り方を支えているのです。

　一方、第5章で紹介したベテラン営業担当者は、営業という仕事の本質を、"会社を継続させる仕事"であると考えました（148ページ）。

この方は、「営業という言葉は、"業を営む"という意味だ」と話されていました。営業という仕事を、"会社を継続させる仕事"としてとらえている背景には、営業という言葉を、「セールス」としてではなく、"業を営む"と解釈していることもあるかもしれません。

関連付ける力

関連付ける力については、第4章で、営業担当者や分析担当者の事例を用いて詳しく説明しましたが、取り組みやすいアクションの例として「他の部署の仕事を知ること」が挙げられます。

「以前に別の部署で働いていた同僚から話を聞く」、「仲のよい他部署の同期から話を聞く」、「打ち合わせで一緒になった他部署の人とランチに行く」など、情報を得る手段は様々です。

中小企業に勤務する経理マネージャーは、販売イベントの人手が足りないときに、ヘルプとしてイベントに参加しました。当時、会社の業績は芳しくない状態が続き、経費を削減することが重要視されていました。広告費はいち早くコスト削減の対象となり、予算は年々縮小されていきました。

しかし、経理マネージャーは、販売イベントに参加し、お客様の関心をひくことの難しさを実感しました。また、現場で働く社員とのコミュニケーションを深めることもでき、彼らが限られた予算の中で努力をしていることも分かりました。

この販売イベントは、考えを改めるきっかけになりました。「コストを減らすだけでは、売り上げは伸びない。販売の支援をすることが必要だ」と。

短期的にコストを削減しても将来の成長にはつながらないこと、顧客を増やさなければ成長しないことは、頭では理解していましたが、販促の予

算を増やしても、売り上げが伸びるとは言い切れません。将来の成長が保証できないので、販促に予算を増やすことに躊躇していました。

しかし、以前よりも積極的に担当者の話を聞くことで、

「社員が知恵をしぼり時間をかけて練り上げた企画は、実行しなければ努力が無駄になる」

と思うようになりました。たとえ、上手くいかなくても、行動しなければ、社員の経験値を上げることはできません。自分も含めて、**成長しなければ、会社はよくならない**と考えるようになったのです。

以前は、「削れる費用はないか？」と目を光らせていた人が、今は、社員が優れた企画を考え行動する予算を作るために励んでいます。仕事に向き合う姿勢が変わったことで、彼の仕事内容は大きく変わりました。

一般的に、業績が振るわない会社では、コミュニケーションが不足し、活気がない雰囲気が漂っています。社員どうしが、互いに不信感を抱いていることさえあります。

しかし、業績不振を含め、多くの試練は、社員どうしが協力することで解決できます。そのためには、お互いを理解していなければなりません。お互いが理解し合えるまでには、時間がかかります。そもそも、自分の考え方を変えることさえ、すぐにはできません。この経理マネージャーのように、「他の部署のことを知ること」から取り組んでみてはいかがでしょうか。

振り返り力

最後に、振り返り力について説明します。
自分のキャリアを振り返るとき、多くの方が、身につけた**スキル**や**成果**

を中心に考える傾向があります。しかし、キャリアの振り返りを、将来に
つなげるために欠かせない視点があります。それは、

これまで、自分は、仕事を通じて、誰の役に立ってきたのか？

ということです。

　ここで、コピーライター、営業担当者、分析担当者の仕事の"本質"につ
いて、改めて、振り返ってみたいと思います。

　皆さんは、この3人の仕事の"本質"について、共通点があると思いませ
んか？

- **コピーライターの考える仕事の本質**：商品の新しい価値を発掘する仕事
- **営業担当者の考える仕事の本質**：お客様を成功させる仕事
- **分析担当者の考える仕事の本質**：経営をサポートする仕事

　クリエイティブに働いている、自分なりの価値を見出しているなど、皆
さん、それぞれ、思い浮かべることがあるかと思います。そうした、自分
なりの考え方は大切にしてほしいと思います。

　ここで、一つの見方を紹介したいと思います。この3人には、

誰かの役に立っている

ということが共通しています。

　仕事とは、本来、誰かの役に立つことであるのではないでしょうか。職
種や立場によって、向き合う人は変わってきます。

入社したての頃は、上司や先輩のサポートから始める方もいるかと思います。そして、部署内の1人のメンバーとして、部署内の仕事を確実に成し遂げることで、上司、先輩や同僚の役に立てるようになります。

　経験と共に他部署との関わりも増えていきます。例えば、製造部門で働く人であれば、前工程や後工程を担当している関連部署との調整をするようになり、仕入れ先や得意先のことも考えるようになります。

　年数が経てば部下をもつようになる人もいるでしょう。責任の重いポジションに就くと、より多くの社員に対する責任が生じますし、また、社員の家族に対する責任も出てきます。

　会社全体に対する責任をもつ立場の人は、株主や地域社会のことも考えなければなりません。

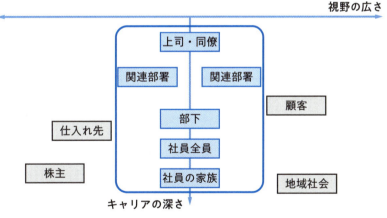

キャリアが深まると関係する人が増えていく

　皆さんは、これまでのキャリアを通じて、誰に、どのように役立ってきたでしょうか?

それを考えることが必要な理由は、「誰かに必要とされる仕事」でなければ、その仕事が存続する可能性が、低くなるからです。

皆さんも、前のページの図のように、自分のキャリアを振り返ってみることを、おすすめします。皆さんは、キャリアを通じて、「誰を」、「何で」、「どのように」、喜ばせてきたのでしょうか?

具体的なシーンを思い出しながら、取り組んでみてください。「上司から叱られた」など、反省することも大事ですが、"よかったこと"に注目すると、今後、自分が、「誰に」、「何を」することで、「どのように」役に立てるのか、具体的なイメージを描けるようになります。

「人を喜ばせた経験など、何もない!」

という方もいますが、そんなことはありません。仕事を続けてきた以上、よかったことは必ずあります。誰かから、お礼を言われなくても、仕事を続けている以上、皆さんの仕事が誰かに役立っているのです。

例えば、材料を仕入れて何かを製造している人は、それだけで、材料屋さんの生活を支えています。自分が役立っている実感がなくても、このように意識することが、知ることへの第一歩です。

本当に大切なことは**誰かの役に立つ**ことです。どんなに高度なスキルも誰かの役に立たなければ、宝の持ち腐れになりますし、輝かしい経歴も、将来、誰かの役に立つことがなければ、過去の栄光になってしまいます。

大切なことは、非常にシンプルなのです。難しく考えてしまうと、こうしたシンプルに考えることを忘れてしまいます。皆さん、すでにお気づきのとおり、

（シンプルに考える）＝（表面的に考える）

ではありません。

数学脳を使って考えることで、

シンプルに、深く考える

ことができるようになったのです。

- 考えようとしても行き詰まってしまう
- 何を考えたら良いかが分からない
- 考えても、いつも堂々巡りになってしまう
  ⋮

という悩みを抱え、自分は考えることが苦手であると思っていた方もいるかと思いますが、数学脳を身につけることで、こうした悩みを解決することができます。

数学脳は、生まれ持った才能ではありません。数学脳の6つの力は、使い続けることで、皆さんの頭の中に定着していきます。

ハードルが高いと感じる方は、まずは、確認力、関連付ける力、振り返り力から使ってみてください。

数学脳を実践し、皆さん自身のキャリアをクリエイティブに切り開いていってほしいと思います。

終章　数学脳を使うと、人間がやるべきことが見えてくる　207

福山　誠一郎（ふくやま　せいいちろう）
早稲田大学理工学部卒、同大学院電子・情報通信学修了。英国バース
大学 MBA取得。
JR東日本入社後、Suica新規立上に従事。その後、デロイトトーマツ
コンサルティング（現 アビームコンサルティング）にて戦略系コンサ
ルタント、ディズニーストアのプランナー、凸版印刷（現 TOPPAN）
にてマーケティングプロデューサー、コダック ジャパンにて執行役
員マーケティング本部長などを歴任。2019年に独立し、
コンサルタントとして安定経営を実現。
経営課題の本質を科学的に解明し、20社以上のビジネスを成功に導く。
1,800名以上に研修やセミナーも実施している。
著書に『中学数学でビジネスのあらゆる問題を解決する！』（さくら
舎）、『すごいテレワークアイデア＆成果を2倍にする方法』（PHP研究
所）がある。

AIと共存する時代の　数学脳
10歳から身につけるビジネススキル

2025年5月2日　初版発行

著者／福山　誠一郎

発行者／山下　直久

発行／株式会社KADOKAWA
〒102-8177　東京都千代田区富士見2-13-3
電話 0570-002-301（ナビダイヤル）

印刷所／株式会社DNP出版プロダクツ
製本所／株式会社DNP出版プロダクツ

本書の無断複製（コピー、スキャン、デジタル化等）並びに
無断複製物の譲渡および配信は、著作権法上での例外を除き禁じられています。
また、本書を代行業者等の第三者に依頼して複製する行為は、
たとえ個人や家庭内での利用であっても一切認められておりません。

●お問い合わせ
https://www.kadokawa.co.jp/（「お問い合わせ」へお進みください）
※内容によっては、お答えできない場合があります。
※サポートは日本国内のみとさせていただきます。
※Japanese text only

定価はカバーに表示してあります。

©Seiichiro Fukuyama 2025 Printed in Japan
ISBN 978-4-04-606595-7　C0034